国家"十一五"出版规划重点图书

西方著名法哲学家丛书（第二辑）

吕世伦　徐爱国 主编

卡多佐：

司法传统的革新

陈　皓◎著

黑龙江大学出版社

HEILONGJIANG UNIVERSITY PRESS

图书在版编目(CIP)数据

卡多佐:司法传统的革新/陈皓著. —— 哈尔滨:黑龙江大学出版社,2010.6(2021.8重印)
(西方著名法哲学家丛书/吕世伦,徐爱国主编.第2辑)
ISBN 978 - 7 - 81129 - 280 - 0

Ⅰ.①卡…Ⅱ.①陈…Ⅲ.①卡多佐,B.N.(1864～1938) - 司法 - 法哲学 - 研究 Ⅳ.①D90

中国版本图书馆CIP数据核字(2010)第090991号

责任编辑:孟庆吉 国胜铁
封面设计:张 骏

卡多佐:司法传统的革新
KADUOZUO:SIFA CHUANTONG DE GEXIN

陈皓 著

出版发行	黑龙江大学出版社	
地 址	哈尔滨市南岗区学府路74号	邮编 150080
电 话	0451 - 86608666	
经 销	新华书店	
印 刷	三河市春园印刷有限公司	
版 次	2010年7月 第1版	
印 次	2022年1月 第2次印刷	
开 本	880 mm × 1230 mm 1/32	
印 张	6.875	
字 数	150千字	
书 号	ISBN 978 - 7 - 81129 - 280 - 0	

定 价 38.00元

总　序

　　人类的法律文化或法律文明,可以区分为法律制度和法律思想两大载体。法律是硬结构,法律思想是软结构。历史地看,它们共生并相互渗透和依存。比较而言,法律制度通常趋向于稳定和迟滞,而法律思想则显得敏锐和活泼。由于此缘故,一个时代的法律文化变迁,总不免表现为法律思想为先导,法律制度随之产生或变革。

　　中国为古老文明的大国,原本有自己独到的法律传统,也有自己的法律思维范式。临到清末,在西方列强的入侵和文化的冲击下,中国法律文化传统出现断裂,开始发生历史性的转型。早些时候,中国人学习日本,而日本的法律又来自于西方的德国。晚些时候又学习前苏联的法律,中国法律传统又增添了社会主义法律的色彩。这样一来,我们现今的法律同时是中国传统法律、西方自由主义法律和社会主义法律的混合体。反过来也可以说,我们的法律既欠缺中国传统,也欠缺东洋(日本)和西洋(欧美)的法律传统。法律职业者们所学和所用的是西方的法典,而要解决的则是中国社会本身的问题。

　　不可否认,近代以来的西方法律是摆脱人身依附关系及倡导民主与法治的先行者。因此,对它不应当亦不可能漠然对待,更不能简单地予以排斥。不过,在东西方有重大差异的法域,法律职业者生搬硬套西方的法律理念处理中国的问题,就意味着粗暴地对待了中国的社会。另一方面,当法律职业者们这样做的时候,又没有真正弄懂西方法律制度得以建立的法律理论,这又粗暴地对待了西方法律。中国学习西方法律已是历经百余年的不争事实。现今,法律制度的趋同化与各民族法律个性的减弱,是法律发展的一般模式。面对此种时代的大趋势,我们要做的不仅仅是要建立现代的法律体系,更重要和更深层次的在于弄清作为西方法律制度底蕴的法律思想。换言之,法律的研究和运用,只停留在法律制度的建立及相关资料的整理和解释上是远远不够的,而应该是法律规范与法律精神的统一。善于从法律制度中寻找法律的精神,从法哲学的抽象中探取法律实践所隐含的意义,才是中国法律职业者的共同任务。

从中西法律制度借鉴的角度看,我们更多地移植了西方的法律制度,而对西方法律精神则关注不足,主要表现在没有把握到西方法律的精髓。只有法律制度的引进,没有法律思想的参详,如同只有计算机的硬壳而无计算机的软件;没有法律的思想而实施法律的制度,那么法治的运行便成为无从谈起的问题。理解、消化和应用西方法律制度中所包含的法律理论,是我们继续和深化法律现代制度的紧迫任务。正是基于这样的考虑,我们决定编写一套西方法哲学家的学术传记丛书。

西方法律思想存在于西方法哲学家的脑子里,表现在他们各具特色的个人生活之中,物化于他们的法律著作之内。每个法哲学家的思想各不相同,但是同一时代的一批法学家则代表了那个时代的法律思想文明。同样,每个时代法学家的思想也各不相同,存在着主流与非主流甚至逆流的思想观点的交叉与对立。几千年西方法律思想家的理论传承,构成了西方法律思想史的全景。基于这样的认识,本套丛书的着眼点是法学家个体。通过每个法学家独特的经历、独特的思考和独特的理论,我们能够把握西方法律传统的精神和品质。

今天,我们正在建立和完善中国特色社会主义的法律体系。这首先就要求有充实而有效的中国特色社会主义法律理念。中国特色社会主义法律理念要在马克思主义法律观的指导下，广泛借鉴古今中外的法律精神遗产，尤其要"立足中国，借鉴西方"才能达成。

是为序。

吕世伦　徐爱国
2008 年 12 月

目　录

前　言

　　本书写一个人物,他的名字叫作本杰明·内森·卡多佐。美国联邦法院大法官卡多佐先生,他的一生有两个挚爱,一个是他的姐姐,另一个是法律。[①] 1938 年,卡多佐先生结束了他在人世的 68 年,从此长眠在已过世多年的姐姐的身边,而他为世人留下的司法意见书,法律著述,以及他近乎圣人的美德,都成为美国法律史的一部分。

　　他是一个美国人,一个犹太人,一个西班牙裔大户人家的公子。他的祖先在宗教裁判期间从欧洲西南的伊比利亚出逃,经尼德兰和英国到达美洲。卡多佐的先辈是虔诚的犹太教徒。卡多佐自幼在希伯莱语的祷告声中成长。在 15 岁进入哥伦比亚大学学习哲学和文学之前,他在家庭教师的指导下接受了系统、扎实的西方古典社会人文科学以及自然科学的训练。大学时代的卡多佐性格内向,学习勤奋。几乎每一节课他都会详细记录,再把笔记按照自己的理解撰写成一篇小论文。至于他不太与人交际,比较内向的性格,按照弗洛伊德的理论,或许缘自

---

　　① 以下有关卡多佐私人生活和工作履历的基本信息参见 A. L. 考夫曼:《卡多佐》,张守东译,法律出版社 2001 年版。

卡多佐在一系列的家庭变故——出生那年，他的法官爸爸因为受贿，遭到律师协会的弹劾，失去了工作和名誉，改行做了律师。[1] 他多病的妈妈在孩子们刚刚懂事时就离开了他们。不久，他又失去了一个姐姐。大学开学一个月后，他请假离开学校，参加爸爸的葬礼——虽然衣食无忧，但现实生活已经教会小小年纪的卡多佐体味到何谓世态炎凉，生离死别。

卡多佐大学毕业之后选择继续学习法律，最大的原因还是来自于家庭。他的哥哥阿尔伯特·卡多佐，是卡多佐爸爸律所的律师，失去双亲的小卡多佐和姊妹们依靠兄长生活。小卡多佐选择法律职业，不仅可以依靠兄长起步，同时也是在帮助兄长支撑卡多佐家庭。爸爸在遗嘱中说，若小卡多佐长大后从事法律，爸爸的法律书籍由兄弟俩共享。法律，相比于其他职业，对于卡多佐来说是一个更为确定的选择。恐怕很难讲一种选择的决定性和偶然性，然而无论起因是什么，是子承父业还是趣味使然，作出这样的选择，最终成为卡多佐之幸，更成为法律之幸。

卡多佐在大学学习法律，只有两年时间，没有毕业就离开了学校。直到若干年后，他出任纽约州上诉法院首席法官，他的母校，哥伦比亚大学，基于他的职业成就授予卡多佐荣誉学位。卡多佐后来以自嘲的口吻谈到他在大学的法律学习，说到当时法学教育未成体系，他接受的只是一些粗糙的，浅显的法

---

[1] 考夫曼认为，在卡多佐执业过程中始终伴随着父亲的影子。他的父亲早年也是一位法官，但因收受贿赂，结党营私引咎辞职。卡多佐坦言他决定要学习法律是因为他感到必须洗刷家族名誉的污垢。同上参见第41页。卡夫曼说，卡多佐后来从事法官职业依据深思熟虑的司法哲学断案，他心中的公共政策不包括私人的或者政治上的偏见。同上参见第21页。

律知识。而且他离开学校的前一年,判例教学法刚刚被引进哥大,与之前的教学方式极为不同,一时难于接受。尽管如此,对合同法,贸易法系统的研习,为日后卡多佐在这些领域的法律工作打下了良好的理论功底。特别是合同法和侵权法,是作为律师的卡多佐和作为法官的卡多佐最负盛名的领域。

离开校园之后,卡多佐进入哥哥的律所,开始了他长达23年的律师生涯,主要代理商务和侵权案件。当卡多佐还是一个律师的时候,他的名字从未出现在任何著名的案件中,报纸上也鲜有他的事迹。他没有做过任何大企业或财团的法律顾问。他没有尝试也没有意识去发现复杂的企业内部的财政问题和法律对商业的调控问题的路径。然而他在律师界作为一个法律的"学生"却获得了独特的声誉,他对先例和法律规则的分析具有一种敏锐力。在法庭上,他向法官和陪审团展示了其非凡的表达能力和说服力以及无与伦比的学识。他是律师中的律师。1904年到1932年,凭借在律师界的名望,卡多佐出任纽约州最高法院法官,五个星期后出任纽约州上诉法院法官,并在期间当选为上诉法院首席法官。他的任命表明了其律师生涯的荣耀。卡多佐在初审法院经历了短暂的时间,在这段时间他受理的案件,撰写的司法意见没有太重要的内容,他后来曾后悔没有得到更多初审的经验,否则可能更好地评估下级法院的判决意见,他相信一个法官只有感受过审理的气氛,才能判断出错误是否源于当时的偏见。①

---

① Irving Lehman *Judge Cardozo in the Court of Appeals* The Yale Law Journal, Vol. 48, No. 3 (Jan., 1939), pp. 382–389.

卡多佐真正的法官生涯是从他进入上诉院开始的。这段时光是卡多佐先生的黄金时代。经年不辍的阅读和司法实践的历练,成就了卡多佐在诸多名案如别克汽车案、烟花爆竹案的司法意见书中所呈现出的精到推理以及令人信服的判断。《司法过程的性质》、《法律的生长》、《法律科学的悖论》、《法律与文学》等诸多阐述和解释法官工作的演讲也均成书于

图为纽约州上诉法院
时期的卡多佐

这一时期。流畅、简明的表述和对世事的洞察,受到学术界和司法界的一片赞誉。一直到今天,《司法过程的性质》在每一位法学院学生书架上依然作为必备经典不断地被解读;别克汽车案,烟花爆竹案等名案的司法意见书在英美法的课堂上依然作为模范案例被研究和教授。

在担任首席法官的某一年,卡多佐生活中唯一的最为亲密的伴侣——他的姐姐内利因病去世。卡多佐和他的姐姐都没有过罗曼史,他们只有最为纯粹的亲情,失去双亲的姐弟相依为命的那种亲情。并且在长时间的、安静的、有规律的私人生活空间,他和姐姐更是一对志趣相投的朋友。他们共同下棋、阅读。卡多佐工作的时候,内利织毛衣。这就是生活的全部了。卡多佐习惯了这样的亲密关系和生活状态带给他的舒适和自在。很小失去妈妈的卡多佐从比他年长很多的大姐那里获得了一种爱,这种爱像母爱一样的无私、仁慈、安全。所以尽管卡

多佐没有经历爱情，但他的生活并不缺乏爱，他因此获得了满足。无论怎样的解说，只有亲情没有爱情的卡多佐依然令人费解，谁知道呢？连他自己也说，人生有三大谜，生之谜，死之谜以及爱之谜。失去内利后，在为另一位亡友写的悼念稿中，卡多佐这样开释世人，也许同时是在开释自己："亲爱的朋友，永别了，这话实在难以出口，尽管先哲谆谆教导我们不要悲伤。在桑塔亚那的新作中，我似乎找到一丝安慰。他写道，人生到头来竟然是死路一条，也许听起来让人难过。然而，万物还能有别的结局吗？夜晚来临为的是让人入睡，但也可以为情投意合者提供相聚的机会，使他们得以共度美好时光……曾几何时，有过欢乐，温柔，友善，欣慰……毕竟是幸运的啊！"①

　　1932 年卡多佐离开纽约，来到位于华盛顿的美国联邦最高法院，接替霍姆斯大法官。少年时代的卡多佐是社会达尔文主义的追随者，61 岁的卡多佐大法官则站在他的对立面。罗斯福新政前后，最高院内部存在认同政府调控利益还是认同自由经济利益的分歧，在五年的最高法院的短暂任期内，卡多佐支持罗斯福关于塑造福利国家举措的绝大部分。社会现实验证了卡多佐明达的判断。卡多佐当之无愧的明达一方面源自于他一直以来所强调的司法工作是一种选择，是一种可能性的追求，在先例不能有效服务于现实时，要从逻辑的、习惯的、历史的、社会的其他法理学因素中选择和权衡；另一方面更源自于他同等强调的普通法的秩序和稳定，反对司法主观主义，反对极端的法律现实主义。他的司法活动本身一贯地实践了如何

---

　　① A. L. 考夫曼：《卡多佐》，张守东译，法律出版社 2001 年版，第 199 页。

既保存传统又应对时局，如何在法理学诸种因素的权衡中实现法律延续和发展的平衡状态。卡多佐的明达不仅在于他对普通法的温和的改革，更在于在司法过程中实现了亚里士多德所倡导的中庸之道。卡多佐从来无意构建理论体系或是方法论，然而他对司法过程独特的理解和实践体现出的法律观、正义观确实对英美法理论产生了历史性的影响。作为一个中国人，研究卡多佐对待普通法传统的态度，思考中国的法律传统，免不了生发丝丝缕缕的感触。

大法官工作之外的卡多佐先生是寂寞的，除了姐姐内利，再没有人进入卡多佐的内心世界。当然，他的身边不乏些许欣赏和爱戴他的友人。他的性格个性和他的能力同样的重要。他每天和同事一起吃午餐，所有人都感受到了他的魅力，他的谦逊和无私，他的学识、勤奋和温文尔雅。他与大法官霍姆斯、庞德、斯通、罗伯特等保持

图为联邦最高法院时期卡多佐用过的餐桌（摄于1937年）

着相当友善、融洽的关系，服侍他多年的厨师和女管家以及几位年轻有为的助手，他们都爱卡多佐。卡多佐与人交往并不在意对方的身份，他尊重每一位交往者，不论是他的仆人还是饭店老板，不论是谁轻薄他们，他都会毫不留情地反击。他喜欢交谈，甚至可以因为好奇和疯子聊会儿天。他喜欢甜食，喜欢吃蛋糕，喜欢梳理得整洁精神再出门，他也喜欢小小的八卦。据说，有好一阵子，他会在固定的时间打开收音机，收听爱德华

八世爱美人放弃江山的新闻。可是某天他突然说,有时,真想一死了之。没有人了解真正的卡多佐,他把自己保护得太好了。

　　然而,通过奇闻轶事了解一个人物是诱人的,也是危险的。实现跨越时空的神交并非通过故事,而应该在文献中完成。故事中的卡多佐先生在沉睡,然而那些伟大的思想通过文本得以永存。本书正是希望通过卡多佐撰写的司法意见书以及他的法律著述进入卡多佐的法律世界。

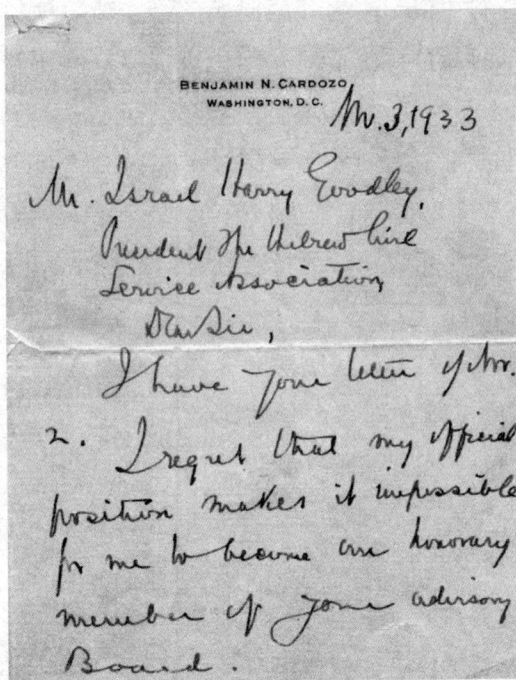

卡多佐的笔迹

第一章　司法哲学

世上有三种神秘。第一种神秘是那些不可知的事物,是那些人类用既有知识无法解开的问题。第二种神秘是故弄玄虚,真相是简单的却是被遮蔽的。比如医师潦草的处方,巫师的鬼画符,中国先秦时期的"刑不可知,则威不可测"的观念。第三种神秘是小马过河,这种神秘是可以被了解的,对于小马来说,破解河水的神秘感需要亲历亲为去领悟,也需要老马传授的理论作为渡河的指导。普通法司法的过程就存在这样的神秘。

在出任纽约州上诉法院法官 8 年之后,卡多佐应邀在耶鲁大学法学院作了一次演讲,他从一种司法哲学的高度阐释了仿佛一团神秘的普通法司法过程,然而这种哲学又是如此得直白,简洁,具有说服力,在某种程度上开释了世人对于法官如何作出裁决的好奇和困惑,从而引起了极大的轰动。

《司法过程的性质》英文版

1921 年,演讲以《司法过程的性质》为名成书出版。之后的两年,卡多佐写成《法律的成长》和《法律科学的悖论》两篇,目前

关于卡多佐著述的中文译本还有《法律与文学——卡多佐演讲集》。通过这些著述我们得以了解卡多佐的法律观和正义观。[①]之后,我们从 19 世纪末美国的主要社会思潮中考察卡多佐司法哲学的理论基础。

《法律科学的悖论》英文版　　　　　《法律的生长》英文版

第一节　卡多佐的法律观

一、法律的含义:一个司法试错的过程

如果历数西方法律思想史经典,我们可以列出一份长长的

---

① 本书参考版本有本杰明·内森·卡多佐:《司法过程的性质》,苏力译,商务印书馆 1998 年版;本杰明·内森·卡多佐:《法律的成长 法律科学的悖论》,董炯、彭斌译,中国法制出版社 2002 年版;本杰明·内森·卡多佐:《演讲录 法律与文学》,董炯、彭斌译,中国法制出版社 2005 年版。

书单。自古希腊罗马到卡多佐的时代,那些伟大的先贤构成了西方文明的璀璨星空。他们的理论学说犹如各自不同的气质禀赋,因其独特、深刻的见地和系统确立了自己的学术地位。然而,无论那些学说如何复杂,他们的表述如何晦涩,人类的思考总是无法绕开一些看似简单的问题。在法律领域,其中一个这样的问题是:法律是什么。柏拉图认为,法律是一根柔和的、神圣的、金质的纽带,是一种理性的组织社会个体的方式。亚里士多德认为,法律是一种统治方式,是理智的统治,神祉的统治。斯多葛学派把法律区分为理想之法(自然法)和现实之法(人定法),共同构建一个国家。神学家认为,法律是神的智慧所抱有的理想。启蒙思想家认为"法律是正当理性的命令"。分析法学学者认为,法学家研究的法律是统治者的命令,是制定法内涵的规则,是形成社会的一套制度。萨维尼说,法律是民族精神的体现,是一个民族历史缓慢发展的结果。[①]

而卡多佐是从动态的司法过程中去理解法律的。他认为,法律是通过司法过程形成的,法律就是一个过程,法律是一个试错的过程。面对将要发生的纠纷进行裁判,可以把一些原则和信条作为基础;当预期达到了一个很高的确定和确信——那些"引申出判决,作为评判它们依据的一般学说和传统"就成为了法律。[②] "当一致性始终如一,足以为人们提供一种具有合理确定性的预期时,法律就存在了"。[③] 作为一种预期,随着社会

---

①　以上观点参照徐爱国:《破解法学之谜》,学苑出版社 2001 年版。

②　本杰明·内森·卡多佐:《法律的成长 法律科学的悖论》,董炯、彭斌译,中国法制出版社 2002 年版,第 26 页。

③　本杰明·内森·卡多佐:《法律的成长 法律科学的悖论》,董炯、彭斌译,中国法制出版社 2002 年版,第 23 页。

生活的发展,这些原则和信条也可以通过司法过程被置疑,推翻和纠正,并不是一成不变的,法律预期的过程也就是试错的过程:"法律作为一系列规则、原则和准则,为了某个目的,在适用于新的事物组合过程中,不断地被分门别类,被挑选,被铸造,被修改。在一个不断试错的过程中,判决形成了。在一个不断试错的过程中,决定了谁将获得再生产的权利。"①这个过程不同于布莱克斯通意义上通过审判"发现"法律的过程,也不同于奥斯丁意义上通过主权命令"创制"法律的过程。卡多佐认为,"试错的过程"可以通过对照霍姆斯的预期理论和狄骥的法律规则两分理论来理解。

卡多佐认可霍姆斯关于法律是一种预期的说法。霍姆斯的预期理论说,如果某人做了某些事或者忽略了某些事受到公共权力的威胁,他就要花钱请律师提供法律咨询或为其在法庭上辩护,想方设法免受法院判决的处罚。因此,法律就是一种预测,预测公共权力在多大程度和范围内影响人们的生活。卡多佐的预期和霍姆斯的预期都是从一种司法的角度,从承认法律对于变动的社会生活予以回应的角度,认识法律。所不同的是,霍姆斯的预期主体是诉讼当事人和社会生活中的人,预期对象是法官可能作出的判决。而卡多佐的法律预期的主体是法官,预期的对象是从先例中引申出的学说传统、原则信条和可能被法院承认或遵奉的规则。

试错的过程可以在狄骥的法律规则理论中进行演绎。狄骥

---

① 本杰明·内森·卡多佐:《法律的成长 法律科学的悖论》,董炯、彭斌译,中国法制出版社 2002 年版,第 32 页。

将法律规则分为"建构型规则"和"规范性规则"。先例确定的规则和原则相当于"规范性规则",只有当"制定法或判决(所谓规范性规则)反映了规范的本质,表达了规范的精神时才成其为法律",否则这些在过去作为法律的规则和原则就要被抛弃、纠正或重铸。在这个过程中,法律的一致性、连续性可以看做是"建构性规则"推翻"规范性规则"的这样一个过程。[①] 因此,在卡多佐看来,法律的含义是赫拉克利特式的(becoming),而非牛顿式的(ought to be)。他的兴趣不是发掘法律的本质,而在于关注法律的变化、运用和选择。[②]

二、法律的确定性:一个保守主义者的范特西

需要澄清的是,确定性和稳定性是不同的。卡多佐认为,法律不追求确定,但需要稳定和秩序。稳定和秩序来源于普通法传统。首先,卡多佐认为,普通法法官不能抛弃职业技术的古老传统。法官对一个案件作出判决,类似于日常生活的普通人对一个问题作出判断和选择,判断和选择的资源来自于支撑他们生活的一套哲学,或者说是精神背景。一个法官的精神背景就是他的法律传统。他们需要学习诸多的普通法概念、原

---

① 本杰明·内森·卡多佐:《法律的成长 法律科学的悖论》,董炯、彭斌译,中国法制出版社 2002 年版,第 28 ~ 30 页。

② Edwin W. Patterson Cardozo's Philosophy of Law Part 1 Source: University of Pennsylvania Law Review and American Law Register, Vol. 88, No. 1 (Nov., 1939), pp. 71 - 91 关于霍姆斯和卡多佐对于法律含义理解的区别,帕特森教授认为:霍姆斯也讲,法律是一种预测,预测法官将要做什么,从一个坏人的角度看待法律,不关心道德原则。预测法庭将要做什么,公共政策和社会福利将成为一个重要的考虑因素,法律服务于这个目的。但是霍姆斯并没有回答什么是法律,如何发现如何制成法律,卡多佐则更清晰的表达了这个过程。他从法律的塑造过程中解释了法律。

则、判例和推理技术,因为这些学识是未来司法判断的必要准备和酝酿。面对一个案件,如果可以从宪法和制定法中寻找到解答,法官的职责就是服从。如果不能找到解答,法官从普通法先例中,寻找适合案件的规则。法官考察和比较先例,考察先例的司法意见中解释的概念、规则和原则,这些规则与先例存在社会环境的关联。先例是一种重要的资源,具有指导未来类似案件的力量。① 其次,现代的普通法更需要秩序。因为现实中的普通法充斥着大量的、繁杂的,甚至相互冲突的判决;而且理论界对于普通法基本原则缺乏一致的认识。解决这种现状首先有必要对法律进行科学而精确的重述:对法律原则全面概括、陈述;对法律原则引申、阐述和说明;通过专著的形式对每一领域法律目前的状况作出完整的说明,以及对权威论述全面引证。②

而确定性需要解答的问题是,如果今天和昨天是不同的,在昨天达成公正的法律一定适用今天的情形吗? 卡多佐说,世界是一个无穷无尽的变成(becoming)。③ "判例法的规则和原则从来也没有被当做终极真理",都可能在司法实践过程中"重

---

① 本杰明·内森·卡多佐:《司法过程的性质》,苏力译,商务印书馆 1998 年版,第 3~8 页。

② 本杰明·内森·卡多佐:《法律的成长 法律科学的悖论》,董炯、彭斌译,中国法制出版社 2002 年版,第 7 页。

③ 卡多佐引述希腊哲学家赫拉克里特的观点,"没有什么是稳定的,也没有什么是绝对的,一切都是流动的和可变的,世界是一个无穷无尽的变成。"参见本杰明·内森·卡多佐:《司法过程的性质》,苏力译,商务印书馆 1998 年版,第 14 页。

新塑造"。① 考察先例,确定先例中的规则和原则是第一步,更重要的工作是解决当先例中的规则和原则不能适应新的社会生活的情况。因此,对于先例中的原则和规则,卡多佐抱有一种审慎的怀疑主义态度。因为法律是一个发展的过程,因此不存在绝对的稳定性,没有绝对的权威,原则和判例不能成为绝对的结论。

卡多佐认为,法律人不像桥梁建筑师,可以通过努力最终获得一个直观可见,确定实在的成果。虽然法典、注释、卷宗、法律年鉴、专著或判例,都在努力探寻复杂的法律现象之下可能存在的规律、一致和一般性的原则,然而当新的问题出现,那些历史的记载并不能为我们提供明确的解答。卡多佐说,他早年开始法官工作时,寻求法律的确定性时常使他苦恼,时间和实践使他渐渐懂得,司法的不确定性是不可避免的。② 认为原则和规则发展存在某种连续性和一致性是我们的错觉。就像我们看电视,电视画面虽然是独立的,但是由于快速的连续播放,使我们产生了"连贯"的错觉。③ 他引用霍姆斯在《法律的道路》演讲中的话说,肯定性的认识是一种幻觉,依赖性并不是人类的本性,想从文字、规则和仪式中的找到心灵的满足,这种

---

① 这是卡多佐引述的芒罗·史密斯的表述,史密斯说,判例法的规则和原则从来没有被当做终极真理,而只是作为可资用的假说,每个新案件都是一个实验,这些原则本身在不断地被重复检验。参见本杰明·内森·卡多佐:《司法过程的性质》,苏力译,商务印书馆1998年版,第10页。

② 本杰明·内森·卡多佐:《法律的成长 法律科学的悖论》,董炯、彭斌译,中国法制出版社2002年版,第34页。

③ 本杰明·内森·卡多佐:《法律的成长 法律科学的悖论》,董炯、彭斌译,中国法制出版社2002年版,第86页。

希望只是一种幻想。①

　　关于确定性的另一个重要的问题是,在普通法中,哪些传统是必须遵循的,哪些传统是随着时代的发展可以扬弃的。如庞德所言"法律必须稳定,但不能静止不变"。伪劣的确定性将确定性视为追求的唯一价值,通过一种形式主义的,单纯从逻辑出发的遵循先例;而真正值得追求的法律的确定,应当"符合与普通法一样博大,与正义原理一样精深的真理和原则",它不是"支离破碎地看待法律",而是将法律看做"连续,一往无前的发展整体"。② 这种确定实际蕴涵在法律的进步之中。

　　卡多佐提出,法律发展所遵循的逻辑,不是寻求"确定性",而是寻求一种"可能性"。法律的发展在于一种"选择"。③ 要求法官具有立法者的智慧——他有一种预期的能力。预期判决

---

　　① 本杰明·内森·卡多佐:《法律的成长 法律科学的悖论》,董炯、彭斌译,中国法制出版社 2002 年版,第 39 页。霍姆斯在《法律的道路》这篇演讲集中批评"逻辑是推动法律发展唯一动力"的观点时说,这种思考方式是极为普遍的。对于法律人的训练就是一种逻辑上的训练。那些类比、识别和演绎的过程正是那些法律人最为熟悉的过程。司法裁决中的语言主要是逻辑的语言。逻辑的方法和形式迎合了人们对于确定性的热切渴望和存在于每一个人心灵当中的宁静平和。但是,一般而言,确定性只是一种幻觉,而心灵的宁静也并非人之命运。见霍姆斯:《法律的生命在于经验——霍姆斯法学文集》,明辉译,清华大学出版社 2007 年版,第 217 页。

　　② 本杰明·内森·卡多佐:《法律的成长 法律科学的悖论》,董炯、彭斌译,中国法制出版社 2002 年版,第 12 页。

　　③ 本杰明·内森·卡多佐:《法律的成长 法律科学的悖论》,董炯、彭斌译,中国法制出版社 2002 年版,第 39～40 页。卡多佐说,只要是现实问题,它们所涉及的情况总是非常独特的,没有什么可以将我们从"每一步的抉择痛苦"中拯救出来……在发展某个原则或者先例时,我们往往将其视为寻求确定性的结果。这是对其起源的误解。只有在极为罕见的例子中,才可能发现或者探寻确定性。原则或者先例往往是寻求可能性的结果……他们只是一种暂时的假说,具有自我调试的成分……沿着一条目标前进,所遵循的逻辑不是寻求确定性,而是满足于结论根植于可能性之中……

结果与社会需求,社会效果有联系。司法过程的最高境界不是发现法律而是创造法律。正如同衡平法大法官在没有牺牲法律的稳定和秩序的前提下,诉诸正当理性和良知学说,创制普通法之外的法律规则,使当时日趋僵化的普通法获得了新的发展。卡多佐说,法律的发展既不是绝对冷静客观,非个人的,分散的孤独的存在,依靠祭司般的法官作为其代言,[①]也不是强烈地受制于那些无意识的力量:喜爱、厌恶、偏见、本能、情感、习惯、信念———一个好的法官应当超然地、同情地理解他所身处的时代,了解这个时代中的男人和女人的追求、信念和哲学,并将这种理解融入法律。[②]

三、法律发展的动力:一个兼容并蓄的司法观

霍布斯、奥斯丁和边沁认为,法律发展的动力来源于主权者的命令;哲理法学家黑格尔认为人类历史以及我们周围的所有事物都是一个不断发展的绝对精神的一部分,包括法律;英国的历史法学家梅因认为,社会需要与法律之间存在一个缺口,人民的幸福取决于这个开口的大小,法律与社会的协调需要法律的发展和进步,法律进步的手段有三种,法律拟制,衡平

---

① 本杰明·内森·卡多佐:《法律的成长 法律科学的悖论》,董炯、彭斌译,中国法制出版社 2002 年版,第 106 页。

② 卡多佐说,谨记这样的箴言,这只是一个开始,困难刚刚起了个头,如果你遵照这样的信念行事,通过某种微妙的魔力,预期的痛苦会转化为喜悦,困难中会有胜利的曙光,辛苦和困惑将会产生意想不到的安宁,你们将认识到一个伟大的真理——追求远比追求的东西更重要,奋斗远比奋斗的奖赏更美好。或者确切点儿,奋斗就是奖赏——竞赛如果不够激烈,胜利将显得廉价而空洞。本杰明·内森·卡多佐:《演讲录 法律与文学》,董炯、彭斌译,中国法制出版社 2005 年版,第 199 页。

和立法,德国的历史法学家萨维尼认为,法律的发展首先表现为习惯法,习惯法体现了最纯粹的民族精神。法学家的任务就是整理习惯法,揭示其中固有的内容。① 可以说,卡多佐提出的司法判决借助的其中三种资源,逻辑、历史和习惯,是上述学说的集成,并在此基础上提出,社会需要是指导其他三种资源,促进法律发展的根本动力。②

法律发展的第一个动力是逻辑。卡多佐认为,逻辑的作用在于,将数目庞大的案件通过理性化的概念和原则统一起来,并且将这些概念和原则适用到新的案件。合同、占有、所有、遗嘱等基本概念的确定,使法律推理和其他司法资源在判决中的运用成为可能。另一个作用,卡多佐说,虽然霍姆斯告诉我们,法律的生命在于经验而不在于逻辑,然而当无从寻找经验的时候,逻辑本身体现的直观的正义是不可忽视的。当事人对法律抱有类似案件作出相似决定的期待,逻辑的方法契合了法律观念的精髓——"人间事务应当受到高贵且公正的一致性的支配"。③ 逻辑是必要的,但不是终极的。运用逻辑的分析方式可能产生的一个问题是,面对先例中原则之间的冲突,怎么选择?一味地强调逻辑性和对称性可能导致不公正的结果。例如著名的里格斯诉帕尔默案件,一个遗嘱财产受继人谋杀了立遗嘱

---

① 以上观点参照徐爱国:《破解法学之谜》,学苑出版社 2001 年版。

② 卡多佐认为,在司法过程中,法官作出判断借助了四种方法:哲学的方法,即通过先例中确定的规则和原则进行逻辑和推理;历史的方法;传统习惯的方法;社会学的方法。参见本杰明·内森·卡多佐:《司法过程的性质》,苏力译,商务印书馆 1998 年版,第 16 页。

③ 本杰明·内森·卡多佐:《司法过程的性质》,苏力译,商务印书馆 1998 年版,第 19 页。

人,是否可以根据先例中遗嘱的约束力原则享有继承权?这说明,逻辑的力量并不是决定性的,理性可以约制恣意的情感,但另一方面"正义对逻辑起着作用,情感对理性起着作用"①。

法律发展的第二个动力是历史。卡多佐认为,逻辑对于法律概念的支配力并不是全面的。比如不动产、诉讼形式、合同法等一些法律概念和原则,之所以形成现在的形式,"几乎完全归功于历史"。卡多佐说:"对于不动产法,我们永远也不可能根据抽象的所有权观念,通过逻辑演绎的过程,区分附属于继承条件之地产的与附属于终生占有之地产的诸多权利义务……一页历史抵得上一卷逻辑。土地转让的限制,绝对所有权的暂停,不确定继承,诸多将来履行的财产遗赠,私人信托和慈善委托,所有这些法律的名目都只有在历史之光的照耀下才能理解,都是从历史中获得促进力并影响他们的发展"。并且,卡多佐转引霍姆斯对合同法的论述:"合同法充满了历史,债务合同、专约合同、口头合同的区分只是历史的产物。准合同……对价原则……赋予印玺的效力也只能用历史解释。"离开了历史指导,"这些概念的形式和意义就无法理解并且是专断恣意的"②。

法律发展的第三个动力是习惯。习惯的力量特别体现在商法中,铁路、汽船、电报、电话等现代发明,塑造了新的生活方式,建立了新的习惯和法律。卡多佐说:"生活塑造了行为的模

---

① 本杰明·内森·卡多佐:《司法过程的性质》,苏力译,商务印书馆1998年版,第26页。

② 本杰明·内森·卡多佐:《司法过程的性质》,苏力译,商务印书馆1998年版,第33页。

子,而后者在某一天又会变得如同法律那样固定起来。法律维护的就是这些从生活中获得形式和形状的模子。"①

第四种动力是法律的目的。卡多佐认为,社会福利或者说社会效用是法律的终极目的。"社会福利"的含义有很大的包容力,它指某种公共政策,集体的利益、便利;也指广泛意义上的社会收益:宗教,伦理或社会正义感。② 卡多佐认为,法官作出一个判断,"可能取决于他一生的经历;取决于他对正义和道德通行标准的理解;取决于学术研究方向,甚至取决于他的直觉,"③但如果,原告和被告向法官呈现的逻辑推理各有合理之处,决定法官选择的应当是他对法律目的和功能的认识。④ 法律的目的和功能是法官进行判断的指导原则。此外,法律目的对逻辑、历史和习惯在司法过程中的运用具有指导作用。虽然在不同的法律领域,逻辑、历史和习惯各有其地位,但是他们都受到法律目的的指导。"在某个具体案件中,哪种力量将起决定作用,这在很大程度上必须取决于将因此得以推进或损害的诸多社会利益的相对重要性或相对价值"。⑤ 在承认"遵循先例是规则,而不是例外"的前提下,当"经过恰当的经验检验之后

---

① 本杰明·内森·卡多佐:《司法过程的性质》,苏力译,商务印书馆1998年版,第38页。
② 本杰明·内森·卡多佐:《司法过程的性质》,苏力译,商务印书馆1998年版,第43页。
③ 本杰明·内森·卡多佐:《法律的成长 法律科学的悖论》,董炯、彭斌译,中国法制出版社2002年版,第49页。
④ 本杰明·内森·卡多佐:《司法过程的性质》,苏力译,商务印书馆1998年版,第39页、第48页。
⑤ 本杰明·内森·卡多佐:《司法过程的性质》,苏力译,商务印书馆1998年版,第69页。

发现，一个法律规则与正义感不一致或者与社会福利不一致"，可以放弃遵循先例。①

　　法律目的是社会利益，什么是社会利益？卡多佐认为，社会利益是一个变动的宽泛的概念，法官对于法律目的，即社会利益的准确把握需要透彻理解社会现实和案件事实。通过深切的理解现时代，现存的问题，发现"一条思想的溪流，一种趋势"，②才可能实现判决与时代的契合。在这个过程中，卡多佐借用了斯宾塞先生提出的两个假想的情况：在提供某个仆人的信息时真诚地提出了一个不真实的且具有伤害性的陈述，为什么这种陈述享有特权？为什么一个人可以自由地从事他知道将会使他的邻居破产的职业？法官需要在人的表达自由和他人隐私权保护之间作出选择，需要在自由竞争和财产权保护之间作出选择。一个好的法官可以根据具体情况具体分析哪一个利益相对重要，从而塑造他的法律判决。首先需要法官调动他的所有知识，哲学、逻辑、类比、历史、习惯、正义感，然后分析

---

　　① 本杰明·内森·卡多佐：《司法过程的性质》，苏力译，商务印书馆1998年版，第94页。另外，关于社会需要作为法律目的对其他资源的引导作用，《法律的生长》对《司法过程的性质》有一个修正。卡多佐说，之前四种力量的划分存在重叠。先例的力量实际就是习惯的力量，历史与习惯之间又有多明确的界限？先前所说，法律的发展过程是在社会需要的指导下根据具体情况综合逻辑、历史、习惯的方法作出判断。现在可以用另一种表述重新解释：法律的发展得益于依赖法律内部和外部两种资源。法律内部的资源是逻辑推理；外部资源包括所说的历史、习惯、正义道德、社会福利等等。法律发展可以"以事先确立的某个概念，原则或先例作为前提，根据纯粹的推理，逐渐发展"，也可以"借助相关的外部资源，丰富这些概念、原则或先例，在修改或纠正的基础上运用逻辑的工具"。本杰明·内森·卡多佐：《法律的成长 法律科学的悖论》，董炯、彭斌译，中国法制出版社2002年版，第36～37页。

　　② 本杰明·内森·卡多佐：《法律的成长 法律科学的悖论》，董炯、彭斌译，中国法制出版社2002年版，第59页。

判决中哪一种因素是决定性的;最后作出综合性的判断。

第二节　卡多佐的正义观

一、法律与道德:一杯旧瓶中倒出的新酒

在西方法律思想历史中,法律与道德,或者法律与正义,是一个永恒的命题。这个命题需要解答两个方面:其一,法律与道德,或者法律与正义的关系。其二,法律正义的内涵。

首先我们从思想史中论述卡多佐关于法律和道德关系的看法。西方最古老最持久的法学理论——自然法学说认为,法律权威和信仰的根据比法律本身更有说服力。这个权威就是自然法,它具有恒久性、普遍性和统一性,是判断人定法的标准。在古希腊,自然法的内涵是道德。柏拉图认为,拥有勇敢、节制、智慧和正义四种美德就是理想的人和理想的国家。[①] 亚里士多德将自然法归结为一种善,"所有共同体都是为着某种善而建立的",归结为人的"本性"。[②] 在斯多葛学派那里,"自然法有宇宙自然界的含义,也指事物的规律和本性"。[③] 在古罗马,自然法的内容在于法学家的意见和著述。法学家讲的话之

---

① 柏拉图:《理想国》,郭斌和、张竹明译,商务印书馆 2002 年版,第 170 页。
② 参见亚里士多德:《亚里士多德全集 第九卷》政治学第一卷,苗力田主编,中国人民大学出版社 1997 年版,第 3 ~ 14 页。
③ 徐爱国:《破解法学之谜》,学苑出版社 2001 年版,第 19 页。

所以是自然法，是因为他们的话具有内在的合理性。[①] 在中世纪，自然法作为神法的代言，仍是世俗法的主人。在启蒙思想家那里，自然法是人类理性的凝结，成为近代政治理论公法制度建立的理论依据。虽然自然法在不同的时代和不同的思想家那里有着这样或那样的区别，但他们对于法律和道德的关系有着一致的看法，简单地说就是：伦理道德决定了法律的内容和性质。到了 19 世纪，用伦理道德识别法律的观点受到质疑和挑战。在康德的理论中，法律的基础是自由意志。在黑格尔看来，法律和所有事物都来源于绝对精神。分析法学则彻底划清了自身与哲学、伦理学的界限，他们拿掉了法律之下的托盘，将法律建立于自身基础之上，认为法律科学是完全可以自足的，道德与法律毫不相关，值得关注的只能是纯粹的法律事实。[②]

　　首先，卡多佐并不赞同法律与道德的分立，他列举了诸多的例子说明法律规范中渗透着伦理道德的要求。比如，普通法赋予不动产所有人极大的权利，土地所有人可以驱逐不受欢迎的人。对一个擅闯宅第的侵入者，所有人的权利更大了。可是对于生病的客人，在暴风雨中未经通告停靠在码头旁、寻求庇护的船主，土地所有权人的特权就消失了。又比如，当租期届满，房东有权决定是否续约，可是当搬家将给突生疾病的原承租人带来危险，房东的权利要受到限制。卡多佐说，"夏洛克走

---

① 参见盖尤斯：《法学阶梯》，黄风译，中国政法大学出版社，第 4 页。"法学家的解答是那些被允许对法加以整理的人的意见和见解。如果所有法学家的意见都一致，他们的这种意见就具有法律的效力。如果相互分歧，审判员可以遵循他所同意的意见。哈德良皇帝（公元 117—138 年）在一项批复中如此规定。"

② 参见徐爱国：《破解法学之谜》，学苑出版社 2001 年版。

上法庭寻求正义,波西娅却使我们知道,不管法律规范得多么严格解释契约,实际上并没有失去悲天悯人的品质"。①

其次,卡多佐认为法律规范中渗透着道德伦理的要求,但是道德观念并不决定法律的范围。并非所有的道德伦理都可以进入法律规范,都可以作为法律的标准。卡多佐认为,这些道德是"法律思想认为可以在法律惩戒的威慑下,得到明智而有效的执行的那些道德"。这里的道德,是列维布留和霍布豪斯所说的受到理性、惯例和传统共同影响下的特定时代的社会各种条件的总和。这个认识与庞德在《法律与道德》一文中关于法律正义的认识是一致的——"不是特定情境下道德行为整体中固定或明确的某一方面,也不等同于整个道德,而是某个特定时代的思想和习惯认为赋予法律惩戒的力量比较恰当、从一般道德中划分出来的那些道德"。② 卡多佐所说的道德是可法律化的道德或者已法律化的道德。如果我们感到这样的表

---

① 本杰明·内森·卡多佐:《法律的成长 法律科学的悖论》,董炯、彭斌译,中国法制出版社 2002 年版,第 114 页。

② 本杰明·内森·卡多佐:《法律的成长 法律科学的悖论》,董炯、彭斌译,中国法制出版社 2002 年版,第 115 页。在《法律与道德》书中,庞德指出:"将法律和道德彻底分开的做法,以及将法律和道德完全等同的做法都是错误的。第一,道德本身是存在差异的,而法律必须处理这种差异。亚里士多德告诉我们,只有对那些性质上是中立的事物,依据习惯或法规的公正才是可能的。第二,法律虽然没有明确谴责许多事物,但并不赞成他们,法律会以自己的方式获得成长但不能无视道德。第三,法律必须在双方都没有道德过错的情况下处理损失起国。比如通过社会保险,使每个人承担文明社会中可能的损失。通过雇主对雇员承担责任,维护一般的社会安全。在双方都有过错的情况下,发展出的比较过失原则,平均分摊原则,按比例分担,会有可能考虑到伦理的因素来定性或定量。第四,法律所具有的一般特征,导致了法律和道德的对立,诸如法律的明确性,普遍性,以及不可克服的机械性。"参见庞德:《法律与道德》,陈林林译,中国政法大学出版社 2003 年版,第 106~115 页。

述还是很模糊,正义理论的思想史回顾,可能会帮助我们了解卡多佐对于法律和道德的准确看法。

在西方,存在两种正义理论。[①] 第一种正义观,从亚里士多德的矫正正义一直延续到康德的权利的形而上学,这是西方的古典正义理论,属于自然法学说的一部分。社会规范的原则和标准以从内心探求得到的正义、自由和理性为主导,强调作为个体的权利和自由,价值和理想。另一方面,从内心寻求社会规范基础和本质的理论学说受到了霍布斯、边沁等人的批判。英国哲学家杰里米·边沁 19 世纪初期创立功利主义理论。功利主义者认为,大多数人的最大幸福是判断法律正义的标准。边沁说,"一切行动的共同目标……就是幸福。任何行动中导向幸福的趋向性我们称之为它的功利;而其中的背离的倾向则称之为祸害。……因此,我们边把功利视为一种原则"[②]。这个理论彻底颠覆了建立在个体道德之上的古典正义观,强调从个体行为的社会效果认识正义和道德。在功利主义之前,正义的判断标准是个体权利的实现,之后,正义关注的是社会福利的问题。

正义在卡多佐的司法哲学中存在怎样的意蕴呢？是自然法

---

① 以下观点参照徐爱国:《破解法学之谜——西方法律思想和法学流派》,学苑出版社 2001 年版,第 113 页。"在边沁之前,法律的原则和标准以正义、自由和理性为主导,这种传统从柏拉图到黑格尔都没有实质性的变化,这个传统我们有时称之为自然法的理论。边沁功利主义的提出,并将这个原则融入法律科学之中,应该说在法律的思想中有着革命性的意义,意味着法律指导思想从追求价值和理想,转移到产业革命后追求实际的效果,也意味着法律思想从传统正义观走到现代实证观"。

② 参见边沁:《政府片论》,沈叔平等译,商务印书馆 1995 年版,第 115～116 页,导言。

学者的正义吗？是功利主义者的正义吗？根据卡多佐的观点，法律是司法过程的产物，法律正义是司法过程中的正义，是特定时空中的正义，是司法过程所塑造的正义。法官在塑造法律正义的过程中承担着重要的作用。在使"道德变成一种法律上的请求权，并予以宣告"之前，法官最重要的工作是需要判断在一般道德规范中有哪些道德需要成为法律规范。通过阅读社会观念，社会思想，一般社会价值（而不是个体的主观的价值），实现法律与这些价值的协调。法官是"社会观念的诠释者"①，判断法律正义的标准来自社会共识，社会价值和社会福利。总的来说，社会需要决定了正义的内涵。在这一点上，卡多佐似乎赞同了功利主义者的正义观。

赞同，但不是全部，不是毫无保留。功利主义的正义标准不能解答，在司法过程中，当社会价值观念本身发生冲突，法官如何作出选择？有时这种判断真让人为难。"我们建造摩天大楼，尽管矮小的房屋对建设者来说更安全；我们铺设铁路，尽管缓慢的旅行使生命更安全；我们试验飞机，尽管飞行员会面临死亡的危险。"社会需要究竟是什么？人类的共同福利究竟是什么？我们应当选择哪一种道德观念？卡多佐说，道德或文化的收益是间接获得的，或者需要常年累月才能达成。"摩天大厦向许多人提供了经济机会，否则，他们将感到匮乏。铁路带来了食品、医药、知识和其他许多有价值的东西，反之，良机错

① 本杰明·内森·卡多佐：《法律的成长 法律科学的悖论》，董炯、彭斌译，中国法制出版社2002年版，第120页。

失。飞机也提供了人们想象力无法企及的许多可能性"。① 所以，法官在面临价值选择的困惑，他应当读一读生活之书，理解人类文明运动的进程，他的工作是顺应这个文明过程，规范这个文明的过程，探寻行为的合法性与社会价值之间的必然的、恒定的关系②。因此，卡多佐司法哲学中关于正义的确切内涵，不是社会需要，而是社会文明。

二、用正义协调法律矛盾：一个司法航行中的罗盘

如果省察我们的生活就会发现，矛盾的事物俯首皆是。人类有男人和女人之分；一天有白天和黑夜之分；文化有东方和西方之分；数字有奇数和偶数之分；餐厅有吸烟区和非吸烟区之分；是非、好坏，对错、强弱……充满了我们的生活，而生活也是在矛盾的选择中继续向前。法律问题也同样如此。法律的稳定和进步，原因和结果，个体利益与社会需要，种种矛盾推动法律向前发展。司法过程不比人生，更需要审慎抉择。海上航行中，对船长来说，最重要的一件物品是罗盘。那么，对于卡多佐来说，法官的罗盘是法律正义。卡多佐认为，法律正义在平衡法律矛盾的过程中发挥方向性的作用。

卡多佐认为，法律中的首要矛盾是保守与变革，或者称为静止与运动，稳定与进步。保守、静止和稳定，有赖法官遵循先例和逻辑推理；变革、运动和进步，要求法律对变幻的社会现实

---

① 本杰明·内森·卡多佐：《法律的成长 法律科学的悖论》，董炯、彭斌译，中国法制出版社 2002 年版，第 126 ~ 127 页。

② 本杰明·内森·卡多佐：《法律的成长 法律科学的悖论》，董炯、彭斌译，中国法制出版社 2002 年版，第 140 页。

作出回应,使判决的内容符合社会实际。卡多佐说,平衡这对矛盾遵循"法律适应行为的相对性原则"。① 比如,当商业行为方式发生变化,与原先行为方式相适应的法律规范不再适应现在的行为方式,甚至根本相悖,法官的工作就是,寻找促使现行法律与原有行为相适应的趋势和力量。这种趋势和力量,就是法官变革现有法律的可以参照的路径。当法官找到了这种发展趋势,并在判决理由中对这种趋势和力量予以描述和说明,实际就解决了保守和变革的冲突。

卡多佐以"提单含义"在光荣革命前后的变化更具体阐述了"法律适应行为的相对性原则"。"提单"早期的含义是指在"某一条指定的船上"交付货物。革命时期社会动荡,当货物滞留在码头,轮船公司会迅速地把它们送出,船只来往不确定,因此无法事先了解和确定交货的船只。"提单"在这个时期省略了指明确定的船只,而仅仅意味着为"在事先指明的运输工具或在下列轮船上"收到货物。凭证的新形式取代了旧形式,省略了一项曾经被视为至关重要的意思。那么法院认可凭借一张没有指定船只的提单收取货物吗?先例中的规则和原则是与旧有的提单含义和交易行为相适应的,不能适应现行的惯例和海商需求。法官应当认识到,运输方式的改变需要修正法律的形式,保持法律与现行行为规范相一致。

同样的,随着现代社会的发展,一些伦理规范也出现了很大变化,比如妻子在现代家庭地位的变化,对虐待含义的认识

---

① 本杰明·内森·卡多佐:《法律的成长 法律科学的悖论》,董炯、彭斌译,中国法制出版社 2002 年版,第 93 页。

从单纯的肉体折磨扩展到精神虐待。社会变化不仅引起家庭成员关系的变化,由于社会相互依赖意识的发展和特权向民主的演变,这种变化也出现在社会成员之间。比如,古老的先例所支持相邻关系的规则——你的行为给邻居带来了伤害,即使行为的动机是积极善良的,也不能免除责任——转向了对于人与人之间"恶意的漠不关心"的制约。[1] 又比如 17 世纪替代责任的出现,主人为仆人,雇主为雇员的工作过错承担责任,早期法律对于这个关系和责任的认识是完全不同的状况。卡多佐指出,替代责任的出现是日益频繁的商业活动的要求,这种要求使 17 世纪末期的法官认识到规范主仆关系、雇佣关系的严格普通法规则,不能再适应国家的商业状况,他们通过司法而不是立法推翻了原有的古老的规则。普通法中类似的例子数不胜数。[2]

　　法律正义同样是解决法律中因果关系的要诀。卡多佐认为,如果全面地思考导致某个事件发生的原因,我们可以追溯到并列的或者连续的一系列事件,最后我们会发现,这种探究是永无止境的,彻底地解释造成事件发生的原因,可能会牵涉到事件所存在的整个环境的方方面面,甚至会出现互为因果的状况。因果关系不是一根链条,而是一张网(英法官 shaw 语)。在这张网上,法律选取哪一个点,应当取决法律自身的目的,是

---

① 本杰明·内森·卡多佐:《法律的成长 法律科学的悖论》,董炯、彭斌译,中国法制出版社 2002 年版,第 96 页。
② 本杰明·内森·卡多佐:《法律的成长 法律科学的悖论》,董炯、彭斌译,中国法制出版社 2002 年版,第 98 页。

根据实际需要而构想的事实。① 卡多佐例举了一个他曾撰写过司法意见的案子说明如何根据实际需要寻找法律原因。"新泽西的大汤姆发生了一场火灾,火灾引发了爆炸。爆炸的震动毁坏了半里之外停泊在河边的一条船。船主的保单投保了关于火灾的险别。"② 卡多佐分析说,如果船主针对过失造成大火的人提起侵权诉讼,火灾就是法律上的原因。但是,船主向保险公司提起要求保险赔付的诉讼,引起船主损失的是爆炸而不是半英里之外的大火,因为半英里之外的大火并不是保单契约意涵上的法律原因。

法律中的另一个重要的矛盾是个体与社会,或者称为自由与政府的矛盾。卡多佐认为,个人无法也不能单独存在,需要依附于社会中各种各样的群体,家庭、国家、教派、俱乐部、行业协会等等。认识个人与群体的关系,一个核心的概念是如何认识"自由"。卡多佐区分了思想、精神的自由和经济的自由。他认为,在思想、精神领域,普通法应当延续启蒙运动以来的精神解放和言论自由的历史传统,遵循古典自然法学者和新自然法学者的观点(从洛克、斯宾诺莎到施塔姆勒、菲戈斯),这个传统构成了现代政治、法律和哲学的基础。但是,经济自由含义需要根据具体的时间、地点、环境来决定,在不同的地方或不同时代的经济自由含义是不同的。"一个人口密集、组织化程度高的工业社会所必需的限制,在一个拓荒时期的农耕社会可能是

---

① 本杰明·内森·卡多佐:《法律的成长 法律科学的悖论》,董炯、彭斌译,中国法制出版社 2002 年版,第 146 页。

② 本杰明·内森·卡多佐:《法律的成长 法律科学的悖论》,董炯、彭斌译,中国法制出版社 2002 年版,第 146 页。

专制的和压迫的。"①随着社会良知逐渐觉醒，人们对于损害原因的认识加深了，对于经济自由的限制开始增多。

例如，政府对于工时的管制，要求在工厂设置安全装置以及设立工资委员会。卡多佐说，传统观念中，管制是有悖于契约自由的。私有财产权是法律给与人类思想中利己主义的礼物。然而，人类的本性不仅仅是利己的。法官和立法者都认识到，如果为了回应人类的需要而塑造私有财产制，那么它必须被表达成一种剔出了野蛮行径的利己主义……财产制如其他所有社会制度一样，是为了实现某种社会功能。② 因此，限制工时是因为"真正的契约自由要求缔约双方在实质上是平等的"。而社会现实是"一方居于优越地位，他就能强制规定条款。另一方居于弱势地位，他就只能接受不利条款"。政府对于资本家设置安全装置和工资委员会的要求，这些法律变化是因为法律出于对现时代的人们如何生活，如何工作的更深刻的理解，对自身进行修正和重新表达。类似的变化还有，政府对于海运陆运、汽油和水、电报电话等等带有公共性质的商业进行价格管制；在紧急情况下，政府为了达成社会正义可以限制土地和房屋所有人租金索价的自由权利。

如同这世上没有相同的人生，每一个案件都有其独特性。面对层出不穷的新鲜问题，卡多佐认为，虽然上帝没有提供参考答案，但是法官们并非束手无策。不断地解读生活，理解时

---

① 本杰明·内森·卡多佐：《法律的成长 法律科学的悖论》，董炯、彭斌译，中国法制出版社 2002 年版，第 173 页。
② 本杰明·内森·卡多佐：《法律的成长 法律科学的悖论》，董炯、彭斌译，中国法制出版社 2002 年版，第 180 页。

代的变幻,就会领悟到法律的神秘、悖论和不确定,自有它们的
魅力。正是通过法官不断探测、平衡和调整法律的矛盾,法律
的生命才得以延续。

第三节　卡多佐的司法哲学与
19 世纪的社会思潮

一、卡多佐的司法哲学与实用主义

(一) 变化:一个 19 世纪知识界的时髦话语

自然科学在 17、18 世纪产生的成就极大地改变了社会的
物质生活,其科学结论和研究方法也给社会科学研究带来了一
股清新的空气。尤其达尔文的生物进化论,使"变化"一度成为
知识界的流行话语。实用主义的产生得因于这个时代。[①] 实用
主义哲学的源头来自皮尔士、霍姆斯和詹姆士在哈佛大学成立
的"形而上学俱乐部"。这是第一个美国本土独立的哲学形态,
最终成为"美国精神"的象征。卡多佐在其著述中不止一处,表

[①]　参见 S. E. 斯通普夫、J. 菲泽:《西方哲学史——从苏格拉底到萨特及其
后》,匡宏、邓晓芒等译,世界图书出版公司 2009 年版,第 372 页。"19 世纪思想的
一个主题就是世界是在不断变化的。黑格尔认为,人类历史以及我们周围的所有
事物是一个不断发展着的绝对精神的一部分,达尔文主张,所有生物学意义上的生
命——乃至人类的社会制度——都是从简单形式向着更复杂的形式演变的。当哲
学跨越19、20 世纪之交的时候,变化的观念仍然是知识界里一个很重要的部分。
有两种哲学思潮特别关注变化。他们是实用主义和过程哲学"。

达了对实用主义哲学家詹姆斯的欣赏和敬意。[①] 在论述实用主义的观点之前,让我们首先梳理一下从"不变理论"到"变化理论"的自然观。

在 18 世纪以前,近代自然科学的早期发展是以牛顿第一定律为代表的"不变论"。地球由于所谓第一推动力而运转起来,并永远地运动下去,这种状态构成了事物的过去、现在和将来。18 世纪下半叶,康德的天体论首度打破了不变论的自然观;随后,变化论的自然观就在自然科学各领域中逐渐形成。evolution 一词来自拉丁文 evolutio,表示一个卷紧的卷展开的过程。达尔文在 1859 年出版的《物种起源》一书中系统地阐述了进化学说:生物都有繁殖过剩的倾向,当种群数量不断增长,它们所在环境的资源——生存空间和食物——即将耗尽时,自然会选择"清除"一些优势特征较少的个体。那些具有能适应环境的、有利变异的个体将存活下来,并繁殖后代,不具有有利变异的个体就被淘汰。如果自然条件的变化是有方向的,则在历史过程中,经过长期的自然选择,微小的变异就得到积累而成为显著的变异。由此可能导致亚种和新种的形成。所谓"物竞天择,优胜劣汰","适者生存,不适者淘汰"。[②]

实用主义哲学家杜威认为,达尔文主义的影响在于引入了

---

① 卡多佐说,我把两个人的话作为我的教科书,在失意彷徨时,他们给我慰藉和鼓励,这两个人,一个是爱默生,另一个是威廉·詹姆斯。一个愉悦你的灵魂,一个启发你的思想。参见本杰明·内森·卡多佐:《演讲录 法律与文学》,董炯、彭斌译,中国法制出版社 2005 年版,第 203 页。

② 以上信息来自百度词条"进化论"。

一种新型的思维方式。这种新思维就是"变化"的观念。① 根据生物进化论，地球上的一切生物都处于永恒的、广泛的，有时是迅速的变化之中。这种变化既包括事物成分的简单重组，包括"有机系统"的出现，还包括生物体针对环境变化的创造性。变化的观念启发哲学家反思自柏拉图以来我们一直追求的永恒真理、秩序根据和终极目的，反思两千年来在欧洲占统治地位的官方哲学。"人们现在不再对事物的本质感兴趣，而对变化如何服务于具体目的感兴趣；不再对善的一个终极目标感兴趣，而转向对正义和幸福的直接增长感兴趣。"②

（二）效果：走下神坛的学术革命

实用主义的一个基本主张是，哲学理论与日常生活的关联决定了它的价值。哲学思想应当实源于具体的生活经验，真理是多元的而不是唯一的，是可能发生变化的而不是永恒的。观念或者思想之所以成为真理，是因为他们经过经验的反复验证被证明是有效的，然而有一天也可能随着社会生活的变化成为明日黄花。

---

① 1909 年，达尔文的《物种起源》发表 50 周年，杜威做了一个题为"达尔文对哲学的影响"的演讲。杜威说："《物种起源》一书通过对绝对永恒之物这艘神圣不可侵犯的方舟发起进攻，并把那些曾被看做固定不变和完美无缺的类型的形式看做是有起源的和会消失的，而引起一种思维模式，这种模式一定会使认识的逻辑发生变革，从而也使道德、政治和宗教发生变革……真正的认识就在于把握住通过变化使自己得到实现的永恒目标，而这个目标又借此使这些变化保持固定不变的真理这个范围之内。"参见《达尔文学说对哲学的影响》，载涂纪亮：《杜威文选》，社会科学文献出版社 2006 年版，第 50 ~ 60 页。

② 《达尔文学说对哲学的影响》，载涂纪亮：《杜威文选》，社会科学文献出版社 2006 年版，第 57 页。

　　实用主义的创始人是查理·皮尔斯。① 皮尔斯认为，实用主义本身不是一种形而上学的学说，它不试图决定任何关于事物的真理，它只不过是一种用以弄清楚一些难解的词或者抽象概念的意义的方法。因此他的哲学理论首先建立在对概念和术语的全新的理解之上。但是并不是所有的概念的意义，而仅仅是那些称之为"理智的概念"。这些概念的意义来源于与它相关的某种行为和它对行为产生的直接、具体的效果。比如"硬"，是指它能抵抗刀锋。效果对于词的意义具有决定性的作用。② 皮尔斯批判了一直以来人们通过逻辑和信念理解社会和生活现象，他认为，促使人进步的不是信念而是怀疑。③ 他反对康德的先验论，反对三段论式的逻辑推理，他认为，真理来自于经验。"这里有一块石头，现在我要把它放在它与地板之间没有障碍物的地方，那么我敢肯定，只要我一撒手，它就会掉到地板上。我怎么知道将会发生的事呢？"④皮尔斯说，真正存在的东西归根到底就是在经验中作用于我们的东西。然而，在科学、神学和哲学中都没有绝对的真理，真理只是近似正确的东西，如同生物体对自然环境的适应程度，解决能力的效果决定

　　① 皮尔斯，数学家，现代符号关系逻辑的创始人，实用主义哲学的第一人。

　　② 实用主义回顾：最后一次表述。参见涂纪亮：《皮尔斯文选》，社会科学文献出版社 2006 年版，第 42～46。

　　③ 信念的确定，皮尔斯说，信念是一种安宁和满足的状态，怀疑是一种不安宁和不满足的状态。怀疑和信念两者都对我们产生积极的影响，但对我们的影响是不同的。信念并非使我们立即行动，而是使我们处于一种状态，即当有关情况发生时，我们将以某种特定的方式采取行动，怀疑根本不具有这种能动的效果，而是促使我们进行探索，直到怀疑消除。怀疑促使人们为进入信念状态而进行拼搏。涂纪亮：《皮尔斯文选》，社会科学文献出版社 2006 年版，第 68～85 页。

　　④ 涂纪亮：《皮尔斯文选》，社会科学文献出版社 2006 年版，第 214 页。

了一个理论存在还是消失。虽然在有限数量的场合"它毫无例外地真,但是它只是偶尔的,碰巧为真"。①

威廉·詹姆斯发展了皮尔斯的观点并将实用主义哲学体系化。② 詹姆斯提出,书本上的哲学是哲学的一部分,每一个人都有他的一种哲学,它烤不出面包,却能鼓舞我们的灵魂,使我们勇敢起来。③ 理论学家应当关心具体生活,实用主义正是一种帮助发现理论学说与现实生活关联的方法,也是一个解决理论冲突的方法。实用主义的方法将帮助人们发现哪一种理论更适合现实生活。人不仅仅是社会这台巨大机器中的零件,机械地随着这台机器的运转而运转,同时,我们实际面临着不断的选择,什么样的观点影响了什么样的实际生活。④ 真理也是过程的一部分。是我们某些观念的一种性质,它意味着"这些观念与实在的符合"。⑤ 真理就是那些我们能同化、能确认其有效、能证实、能核对的观念。⑥ 一个观念是偶然成为真理的,成功的经验制造了真理,也构成了证实的过程。如果把真理比做墙上的钟表,钟表的真理性是因为我们在现实生活中把它"当做了"一座钟表。成功行为"制造"了作为钟表的真理。⑦ 所

---

① 涂纪亮:《皮尔斯文选》,社会科学文献出版社 2006 年版,第 216 页。
② 威廉·詹姆斯,美国实用主义哲学品牌创始人,美国心灵研究学会的创始人,他提出文学创作的"意识流"观念和现代大学理念。
③ 涂纪亮:《詹姆斯文选》,社会科学文献出版社 2007 年版,第 4 页。
④ S. E. 斯通普夫、J. 菲泽:《西方哲学史——从苏格拉底到萨特及其后》,匡宏,邓晓芒等译,世界图书出版公司 2009 年版,第 366 页,自由意志一节。
⑤ 涂纪亮:《詹姆斯文选》,社会科学文献出版社 2007 年版,第 236 页,实用主义的真理概念。
⑥ 涂纪亮:《詹姆斯文选》,社会科学文献出版社 2007 年版,第 238 页。
⑦ S. E. 斯通普夫、J. 菲泽:《西方哲学史——从苏格拉底到萨特及其后》,匡宏,邓晓芒等译,世界图书出版公司 2009 年版,第 367 页。

以，真理不是绝对的，而是取决于具体的成功行为。

（三）卡多佐司法哲学中的实用主义：青出于蓝而胜于蓝

我们可以从三个方面将实用主义的主要观点和卡多佐的司法哲学作一个对照。第一，实用主义要拯救哲学界的那些不食人间烟火的可怜人，摆脱形而上学对于本质和基础的追问，转向现实生活世界。实用主义者主张抽象理论应当与实际世界建立某种肯定的关联。一个实用主义者，他看重的是事实而不是原则。"不理会第一事物、原则、范畴、想象的必然，而看重最后的事物、结果、效果和事实。"[1]实践并不反对逻辑推理，而是反对纯粹的思辨，从逻辑到逻辑，从抽象到抽象。在实用主义者看来，理论是可以依赖的工具，而不是对于谜语的解答。[2]

同样，卡多佐也反对法律中的形式主义。他反对把逻辑推理作为判决的唯一思考方式，他认为逻辑推理的方法只是判决的其中一种方法。法律不是一个发现的过程，法律不能静止不动。法官对一个案件作出判决，需要调和多种司法资源。逻辑推理的资源只是其中的一种资源。逻辑推理所运用的原则和

---

① 涂纪亮：《詹姆斯文选》，社会科学文献出版社 2007 年版，第 224 页。鲁姆斯说："让我再重复一遍，一个人的看法就是关于他的主要事实。谁在乎卡莱尔的推理，叔本华的推理或者斯宾塞的推理……整个哲学史……其实就是众多的看法，以及感受总的环境压力和观察生活总体趋势的模式。它们通过人的整个性格和经验对人产生影响。"同上，第 27 页。

② 涂纪亮：《詹姆斯文选》，社会科学文献出版社 2007 年版，第 223 页。詹姆斯说，理论就成了我们依赖的工具，而不是对于谜语的解答。我们不是依靠着它休息，而是向前进，有时借助它再造自然。实用主义使我们的所有理论不会僵化……从根本上说，它不是什么新东西，而是调和了许多古老的哲学倾向。例如，它赞同唯名论，总是诉求于特殊。赞同功利主义，强调实际的方面，赞同实证主义，鄙视那些字面上的答案，无用的问题以及形而上学的抽象。

规则可以起到指导的作用但不能尊为权威。首先,卡多佐认
为,合理的行为观来自生活事实;合同条款的解释不应当拘泥
于合同文本和形式;判决结果与社会效果之间存在密切的关
联。其次,卡多佐认为,决定法官判断的应当是"事实"而不是
"原则"。这里的"事实"可以理解为案件事实,也可以理解为
社会现实。法官对于法律目的的判断来自于深切的理解特定
时代的社会现实。在此指导下,权衡和平衡各种司法资源达到
一种真正的综合。

　　第二,实用主义的全部旨意在于"实践"。"实用主义这个
名词是从希腊文中的一个动词'πραγμα'派生出来,意思是行
动。'实践'和'实践的'这两个词就是从这个词来的。"①因为
逻辑推理和抽象理论是一种工具而不是目的,理论的作用在于
概括旧事实并导向新事实,那么是实践指导、调和、运用这些理
论,"要弄清一个思想的意义,我们只需断定这思想会引起什么
行动,行动是思想唯一的意义"。②　实践在卡多佐的司法观中有
两个内涵。首先,实践是一种司法实践。卡多佐认为法律的概
念产生于司法试错的过程。其次,实践在卡多佐的理论中另有
社会存在的含义。司法实践是社会实践的一部分,法律的生长
在其中得以展开,而且社会事实决定了什么是法律正义,如何
平衡法律中的种种矛盾,保守和进步,原因和结果,自由和政
府。卡多佐认为,理解霍姆斯的名言,"法律的生命在于经验而
不在于逻辑",并不是要忽视逻辑的功用,而是强调法律的发展

---

① 涂纪亮:《詹姆斯文选》,社会科学文献出版社 2007 年版,第 220 页。
② 涂纪亮:《詹姆斯文选》,社会科学文献出版社 2007 年版,第 220 页。

在社会实践中得以完成。另外需要明确的是,卡多佐所讲的实践并不完全等同于唯物主义者意义中的实践,卡多佐所讲的社会实践是一种广泛意义上的社会现实,包括社会存在也包括社会观念。

第三,实用主义对于真理抱有一种怀疑主义的态度。这种怀疑主义导向不可知论。一个观念的真实性实际上是一个事件或过程,就是它证实它本身的过程。真理的可靠性"是一个事件,一个过程,即它证实自己的过程、它的证实状态。它的有效性就是它有效的过程"。① 在一个实用主义者看来,一切价值、知识的解释和认识都是相对的,都必须接受实际效果的检验。在这个不断被检验的过程中,真理的含义就是观念与实在的"符合"。这种怀疑主义的态度还导致实用主义者不承认历史规律。受到达尔文自然进化理论的影响,实用主义者认为历史也是一个进化过程,制度和观念是特定历史时空的产物,历史在人与环境的交互作用中展开,随着时代的发展,这些制度和观念也发生相应的变化。历史的发展不是潜在本质的实现,而是潜在可能性的展开过程。

怀疑主义在卡多佐的法律理论中有两个体现。其一,论述法律的不确定性。其二,论述法律价值的相对性。先例中的原则和规则并不是确定的,它们需要接受司法实践的验证,案件事实和社会事实决定了它们的存废取舍。法律不是一门精确的科学,不能通过努力获得一个直观可见,确定实在的成果;虽然长久以来法官和普通法学者致力于普通法的秩序化,探寻复

---

① 涂纪亮:《詹姆斯文选》,社会科学文献出版社2007年版,第238页。

杂的法律现象之下可能存在的规律和一般原则,然而法律是社会生活的一部分,社会的变迁影响着法律发展的方方面面。在法律领域,没有绝对的权威,权威来自法律之外。法律正义的含义也不是确定的,是特定时空中的正义,根据具体的时间、地点、环境来决定,在不同的地方或不同时代正义存在不同的甚至相反的含义。比如,理解经济领域的"自由",在一个人口密集、组织化程度高的工业社会和在一个拓荒时期的农耕社会就会是不同的。受到法律正义指导的稳定与改革,原因和结果,自由与管制都具有相对性。

可是,如果世界和人生都是由无数的偶然构成,渺小的我们如何在应对外部变化时,找到属于自己的位置和方向?如果不存在永恒真理的指引,我们如何超越琐碎的具体生活,平衡现实和理想?所以,詹姆斯自己也承认,在这个意义上,实用主义不是一种哲学,而只是一种方法。卡多佐虽然承认法律的不确定性,法律价值的相对性,但是这种怀疑主义并没有导致悲观主义。在卡多佐看来,不确定和相对性正是法律的魅力,它成就了一个法官的作为。一个好的法官应当具有立法者的智慧,他可以作出一种预测,而准确的预测来自对于社会生活的理解。卡多佐的实用主义司法哲学存在一个明确的方向——卡多佐认为,在这个充满相对性和不确定性的世界,我们至少还有一点安慰,文明的历程是社会发展的一种趋势,在这种趋势中,法官可以找到一种平衡感,司法的过程不在于寻求确定性,判决的基础根植于可能性之中。培根在《亨利七世本纪》中说,时间就像道路,有些崎岖不平,有些却平整如镜。在平静如水的年代,适合于人们生活,但是在其他时代,则适合于作家写作。卡多佐说，现在的时代，就行进在崎岖的道路上，然而这本身就有一种冒险的乐趣，虽然是冒险，却不是有勇无谋，因为在这个过程中通过哲学建立了路标、警示、栅栏和桥梁。①

二、卡多佐的司法哲学与社会法学、现实主义法学

(一)社会法学之前的法哲学：寻找阿基米德的支点

菲尔德曼教授把美国法学史概括为前现代主义，现代主义和后现代主义三个阶段。② 根据这个划分，法律的前两个阶段可以看做寻求法律制度以及司法决策过程基础的历史，而从社会法学开始，法学家开始意识到：一个光辉的思想不能建立在一个阿基米德的支点上，根本性地改变世界，③转而关注法律学说实际发生的作用。

在前现代主义阶段，人们从神或者自然中寻求知识和价值的基础。④ 古希腊罗马的智者们通过观察和比附自然世界的永恒现象创立了自然法学说。在美国早期的法律中，自然正义构

---

① 本杰明·内森·卡多佐：《演讲录 法律与文学》，董炯、彭斌译，中国法制出版社 2005 年版，第 54 页。

② 参见斯蒂芬·M.菲尔德曼：《从前现代主义到后现代主义的美国法律思想 一次思想航行》，李国庆译，中国政法大学出版社 2005 年版。

③ 菲尔德曼，宗教改革和霍布斯等学者挑战了世俗知识的宗教和其他的传统基础，现代主义哲学家开始寻找一些替代性的基础或者阿基米德的支撑点。标题中"阿基米德的支点"由此而来。参见斯蒂芬·M.菲尔德曼：《从前现代主义到后现代主义的美国法律思想 一次思想航行》，李国庆译，中国政法大学出版社 2005 年版，第 35 页。

④ 斯蒂芬·M.菲尔德曼：《从前现代主义到后现代主义的美国法律思想 一次思想航行》，李国庆译，中国政法大学出版社 2005 年版，第 15 页。

成了大量普通法的基础,自然法原则提供了判决案件的具体渊源,①自然法学说同时也进入了《独立宣言》。② 法律原则独立于具体案件,是一个学术共识。当时,法学家斯托里认为,法律历史的变化就是基本原则的逐步展开。③ 1790 年,詹姆斯·威尔逊指出:"我们法律的缺陷一定要由它的完美来补充,人类的法律必须基于其权威,最终基于那种神圣法律的权威。"④

近代自然科学的发展和宗教改革打碎了现实和头脑中的旧世界,精神和世俗获得了双重解放。⑤ 法律作为一门理性的科学,开始寻求替代宗教和其他传统的基础。他们先后寻找了三种基础:理性、先验和经验。⑥ 理性主义者相信纯粹的抽象理性

---

① 菲尔德曼认为,自然法原则在作出普通法判决过程中起到了两个作用,第一,自然正义构成了大量普通法的基础。第二,在罕见的案件当中,自然法原则提供了判决案件的具体渊源。斯蒂芬·M.菲尔德曼:《从前现代主义到后现代主义的美国法律思想 一次思想航行》,李国庆译,中国政法大学出版社 2005 年版,第 99 页。

② "《独立宣言》中提到了自然法和自然权利,这些并不仅仅是修辞手段,相反,自然法看起来提供了社会价值和法律体系,特别是包括普通法的基础。"斯蒂芬·M·菲尔德曼:《从前现代主义到后现代主义的美国法律思想 一次思想航行》,李国庆译,中国政法大学出版社 2005 年版,第 86 页。

③ 斯蒂芬·M·菲尔德曼:《从前现代主义到后现代主义的美国法律思想 一次思想航行》,李国庆译,中国政法大学出版社 2005 年版,第 146 页。

④ 斯蒂芬·M·菲尔德曼:《从前现代主义到后现代主义的美国法律思想 一次思想航行》,李国庆译,中国政法大学出版社 2005 年版,第 87 页。

⑤ 菲尔德曼说,在现代,宗教改革者把精神从世俗中解放出来,作为独立个体的个人获得尊重,独立地站在上帝面前;把世俗从精神中解放出来,社会权威和安排不再仅仅因为它们在传统上是被接受的就认为不可亵渎,这是一个除魅的过程。世俗领域丧失了神的意义和目的。人类可以自由地施加他们的目的了。斯蒂芬·M.菲尔德曼:《从前现代主义到后现代主义的美国法律思想 一次思想航行》,李国庆译,中国政法大学出版社 2005 年版,第 25 页。

⑥ 菲尔德曼的概括是理性主义、经验主义和超经验主义,在这里作了一点修正。

可以发现和暴露真理,是知识的坚实基础。人可以通过逻辑推理获得基础性知识,帮助人们控制世俗世界,获得无穷无尽的进步。① 理性主义者在美国法律中的典型代表是兰德尔主张的法律科学。他认为,推理和逻辑可以发现客观的法律原则或教义,成为一切法律知识的渊源。分析上的或逻辑上的合理性是正确的法律推理的唯一标准。② 1905 年的饱受争议的洛克纳案件的司法判决就是逻辑演绎的产物。③ 康德认为,所有知识都有先天的要素,先验是获得一切知识的前提。先验是那些先于经验但仍提供有关外部世界的信息。比如,时间、空间和范畴就是作为进一步认识一个事物的先验。④ 康德希望寻找先验的原则并予以精确分类,作为认识世界和自身的基础性知识。因此,康德的法律学说同样建立在一个恒久的基础之上,只是先验的原则代替了自然法。他说:"道德法则与自然法则不同,

---

① 斯蒂芬·M.菲尔德曼:《从前现代主义到后现代主义的美国法律思想 一次思想航行》,李国庆译,中国政法大学出版社 2005 年版,第 35~37 页。

② 菲尔德曼认为,兰德尔主义的法律科学的两个中心特征就是:对已决案例的实证主义的关注,以及运用归纳推理来发现法律原则……南北战争后期最鲜明的特征是忠于演绎推理和逻辑……在风格上具有显著的笛卡尔主义的特征。参见斯蒂芬·M.菲尔德曼:《从前现代主义到后现代主义的美国法律思想 一次思想航行》,李国庆译,中国政法大学出版社 2005 年版,第 166~172 页,第一阶段的现代法理学:兰德尔主义的法律科学。

③ 洛克纳案件,1905 年,最高法院裁定,限制面包房雇员的工作时间的州法违反了宪法十四修正案规定的正当程序条款,违反了契约自由原则。

④ 康德称先天的认识论条件为"形式",一切的知识都必然臣属于它,接着他又把形式分为三类:感性形式、知性形式、理性形式。感性形式是时间和空间,对我们而言是一切经验的必要条件。知性形式是概念或者称范畴(亚里士多德的称法)。范畴独立于经验,但受制于时空的经验。只有当范畴使经验成为可能,它们才是可能的概念,否则就是空洞的文字。理性形式是间接源自概念于某种完全偶然的失误,它需要证明纯粹知性概念如何应用于现象。参见曼弗雷德·库恩:《康德传》,黄添盛译,世纪出版集团上海人民出版社 2008 年版,第 281~284 页。

道德法则作为有效的法则,仅仅在于它们能够合乎理性地建立在先验的原则之上并被理解为必然的。"①

现代主义的后期,理性主义和先验的认识论面临深刻的危机,正如休谟所指出的,形而上学割裂了自我与客观世界。在哲学领域康德的"先验哲学"受到了皮尔斯等实用主义者的批判;②在法律领域,兰德尔的法律科学受到霍姆斯等社会法学者的批判。社会法学学者认为,理性不是基础而是工具,逻辑推理是重要的,但更重要的是社会需要。如霍姆斯名言"法律的生命不在于逻辑而在于经验"。经验主义者把寻求真理的来源从理性的自我转向了外部世界。在社会法学学者之前,法学家追求的是一种确定性,希望通过基础、本质和终极原则等某个具体的支点获得对世界的宏观把握;而从社会法学学者开始,学者的研究视角从原因转向了功能,通过社会需求认识法律。

(二)霍姆斯和庞德的社会法学学说:卡多佐的良师益友

19世纪在社会学领域出现了几个杰出的人物,包括社会法学创始人法国社会学家孔德,英国社会学家斯宾塞,德国社会学家涂尔干和韦伯,社会学法学的兴起得因于他们卓越的研究贡献。随后,在欧陆和北美,法学家将社会学理论及研究方法引入法学研究。自19世纪三大法学流派,分析实证主义法学、

---

① 参见康德:《法的形而上学原理——权利的科学》,沈叔平译,商务印书馆2002年版,第15页。康德说:"道德法则与自然法则不同,道德法则作为有效的法则,仅仅在于它们能够合乎理性地建立在先验的原则之上并被理解为必然的。庞德推导出了一个权利的普遍原则:"外在的要这样去行动:你的一致的自由行使,根据一条普遍法则,能够和所有其他人的自由并存。"

② 参见涂纪亮:《皮尔斯文选》,社会科学文献出版社2006年版,第197页。《论形而上学》,第三章,论先验论的无用性。

哲理法学和历史法学之后,社会法学成为一股新潮,继而成为西方法理学的主流。其中涌现的重要的法学家包括:奥地利法学家尤根·埃里希、美国法学家霍姆斯和社会法学理论的集大成者美国法学家罗斯科·庞德。① 虽然卡多佐没有提出一套系统化的社会法学理论,但是,他的司法观点极大地受到了作为其良师益友的霍姆斯和庞德的影响。

（1）霍姆斯:我如何能赞美你

"教育源于书本,也源于生活,既源于独自冥想,也源于三人同行,教育需要研究学习,而榜样的教育力量甚至更大,最重要的通常不是那些屈指可数的知识,那些从学校教科书中获得的知识,而是被重塑的价值观,他们源自同德高望重的思想家(已故的或是在世的)的交流。"②卡多佐在说这番话时一定想到了他的前辈霍姆斯。在华盛顿居住的那几年,卡多佐是霍姆斯法官家中的常客。据说,卡多佐曾把霍姆斯写给他的一封信装裱起来挂在家中,信中有这样著名的一句"我总是在想,促成一个人所渴望的成功,不是

霍姆斯(O. W. Holmes, 1841 – 1935)

---

① 参见徐爱国:《破解法学之谜》,第六章,学苑出版社 2001 年版,第 170 ~ 200 页。

② 本杰明·内森·卡多佐:《演讲录 法律与文学》,董炯、彭斌译,中国法制出版社 2005 年版,第 188 页。

地位,权力或者声望,而是颤抖的希望:他已接近理想。"[1]在卡多佐看来,霍姆斯是所有法律人的榜样——法律学习和法律职业是否能满足人类精神所渴望的最高需要?在一个伟大的形象面前,这种怀疑会因羞愧而平息。[2] 卡多佐认为,霍姆斯对法律的影响力不仅仅是法律本身,还包括他的历史观,他的文学格调和文学修养以及他恬淡、文雅、仁慈、平和沉着的美德以及崇高的精神追求。[3]

卡多佐认为,霍姆斯首先是一个历史学家。霍姆斯热爱历史,热爱研究历史本身具备的影响和特质。但是他并不囿于这种历史研究,他的历史观并不是考古意义上的。他致力于挖掘历史的深度,但更关注研究历史为现在可以提供的一致性与意义的能力。他曾把历史比喻成一条龙,认识这条龙不仅要数清他有多少颗牙齿和多少只爪子,还要把它拖出来,发现它的力量,杀了它或者训练它成为有用之物。[4] 卡多佐赞赏这种历史态度。他在另一篇文章中引述了历史学家克罗奇的名言,表达

---

① "1931 年卡多佐来到华盛顿接替霍姆斯的职位出任联邦法院大法官,每一年,他都要拜访霍姆斯大法官几次,直到霍姆斯在 1935 年去世。事实上,在霍姆斯得了致命的肺炎之前,卡多佐是最后一位定期到霍姆斯在华盛顿寓所拜访的人。" A. L. 考夫曼:《卡多佐》,张守东译,法律出版社 2001 年版,第 476 页。也可见本杰明·内森·卡多佐:《演讲录 法律与文学》,董炯、彭斌译,中国法制出版社 2005 年版,第 84 页。

② 本杰明·内森·卡多佐:《演讲录 法律与文学》,董炯、彭斌译,中国法制出版社 2005 年版,第 75 页。

③ "许多次,当我翻阅涉及一个比较沉闷主题,可能是一些关于合同或疏忽大意问题的判决意见书,不期然地回碰上灵光飞扬的一句话,它的羽翅将晦暗阴翳一扫而光。我再回到开头,惊讶地发现霍姆斯的名字。"本杰明·内森·卡多佐:《演讲录 法律与文学》,董炯、彭斌译,中国法制出版社 2005 年版,第 82 页。

④ 霍姆斯:《法律的生命在于经验——霍姆斯法学文集》,明辉译,清华大学出版社 2007 年版,第 221 页。

了类似的态度:"我们内心最隐秘的愿望,就是使事物保留原貌,我们不会考虑,如果这样做的话,将没有历史可书写,或者至少不存在我们所习惯书写的那一种历史。"①

　　在某种意义上,普通法的研究就是一种历史的研究。普通法法官的思维传统是类似于历史学家的"向后看"的追溯式的思维。霍姆斯的历史观与其法律理论是一致的。② 法律的历史学习是必要的,它可以正本清源,告诉我们法律规则的准确范围。先例本身就是历史,然而,先例并不是法律本身。法律是什么呢? 霍姆斯同样从司法过程理解法律含义,同样认为,法律是一种预测——预测公共权力通过法院对人们影响的程度和范围。霍姆斯严格地区分了法律和道德,同时承认法律和道德在历史和司法上的关联。为什么区分法律和道德? 霍姆斯认为,法律是一种预测,而且是从"坏人"角度的预测,法律就是一个做了坏事的人在触犯法律之后考虑的那些问题。法庭上讨论的问题,不是什么道德哲学,而是法律后果。

　　法律概念是终结的,还是实用的工具? 自由是一种固定的参数,还是因时代而异的变量? 司法判断的产生来自于一个永恒前提的演绎,还是来自于具体时间与地点,具体情景的归纳? 规则应当忠诚于它的起源还是目的? 卡多佐从霍姆斯的思想

---

　　① 本杰明·内森·卡多佐:《演讲录 法律与文学》,董炯、彭斌译,中国法制出版社 2005 年版,第 54 页。
　　② 有关霍姆斯主要观点的总结参考徐爱国:《破解法学之谜》,学苑出版社2001 年版,第 175 ~ 186 页。

中找到了与自己一样的回答。[①] 霍姆斯批判了逻辑作为法律发展动力的观点，批判理性主义法学和形式逻辑。"固守一个法律准则，如果除了因为它是在亨利五世时立下的，再找不出更好的理由，这是糟糕的。如果设立它的理由早已消失，尊崇它仅仅为了盲目的模仿过去，这将更糟糕"。[②] 霍姆斯认为，司法意见书之所以这样解释和适用某一先例中的规则或原则，其决定作用的并不是逻辑推理，而是不断的变化社会生活；历史和社会利益决定了法律的内容和法律的发展。他说："法律的生命不是逻辑，而是经验。在决定人们应当遵循的规则时，现时感知的需要、盛行的道德与政治理论，对公认或不自觉形成的公共政策的直觉，甚至法关于其同僚共有的偏见，比演绎推理起更多的作用。法律体现了一个民族诸世纪以来的发展历程，不能将它视做似乎仅仅包含公理以及一本数学书中的定理。"[③] 卡多佐赞美道，在先例迷宫中彷徨的研究者会为获得这样的启示激动不已。[④]

---

① 卡多佐摘录了霍姆斯司法判决中的回答。"第十四修正案并未规定斯宾塞先生的社会静力学。""真理的最佳检验是思想通过市场竞争使自身获得承认的权力。这就是我们宪法的理论。这是一种试验，正如所有的生命都是一种试验。"他们共同认为，思想和言论自由是无可妥协，必须保存妥善；共同赞同，在普通法不够确定的领域，应当尊重立法机关的决定。本杰明·内森·卡多佐：《演讲录 法律与文学》，董炯、彭斌译，中国法制出版社 2005 年版，第 78 页。

② 本杰明·内森·卡多佐：《演讲录 法律与文学》，董炯、彭斌译，中国法制出版社 2005 年版，第 76 页。

③ 参见 O. W. 霍姆斯：《普通法》，冉昊、姚中秋译，中国政法大学出版社 2006 年版，第 1 页。

④ 本杰明·内森·卡多佐：《演讲录 法律与文学》，董炯、彭斌译，中国法制出版社 2005 年版，第 75 页。

（2）庞德:一个新生活的先知

庞德于 1870 年出生,与卡多佐同岁。在他们 40 岁的时候,庞德发表其成名作《书本中的法律和行动中的法律》;卡多佐成为律师中的律师,并于四年后进入纽约州上诉法院。1910 年到 1920 年,这也是美国高速的城市化和工业化的时期。转型时期出现的新的社会问题要求国家干预、调控自由经济。同一时代的诸多学者预见到

罗斯科·庞德

了法律作为国家干预经济的手段之一,在其中应当发挥的积极作用。受到约瑟夫·科勒有关"法律必须进化以适应文明不断进化";以及耶林有关"法律是保护社会利益"的学说影响,庞德主张:学者应当关注行动中的法律,关注法律的目的,法律的目的就是社会利益;法律需要更新,以适应经济和社会生活的变迁。庞德致力于社会法学研究,倡导法学研究运用实用主义的方法,建立了社会学法理学。① 庞德的理论主张和号召得到了

---

① 参见庞德:《通过法律的社会控制》,沈宗灵、董世忠译,商务印书馆 1984 年版,第 9 页。庞德说:"文明是人类力量不断地更加完善的发展,是人类对外在的或物质自然界和对人类目前能加以控制的内在的或人类本性的最大限度的控制。"1911 年庞德发表《社会学法学的范围和目的》,其中系统地论述了社会法学的纲领和目的。也可参见庞德:《法理学》,邓正来译,中国政法大学出版社 2004 年版,第 356 页。法社会学派的纲领:1.研究法律制度,法律律令和法律准则所具有的实际的社会效果;2.为准备法律制定工作进行社会学的研究;3.研究使法律律令具有实效的手段;4.对法律方法进行研究,司法的,行政的,立法的,法学过程心理学以及哲学的研究。

卡多佐的回应。1923 年,庞德的《法律史解释》出版不久,卡多佐在哈佛法律评论上发表了一篇书评。在这篇书评中,卡多佐明确表达了他对于庞德社会法学观点的赞同。[①] 卡多佐曾写信给庞德,赞美他说:"在今天看来显而易见的观点,多半是由于你的努力才得以进入美国律师与法官共同的思想宝库。"[②]如果说霍姆斯和卡多佐对于法律的认识来自于亲历司法的体悟,那么学院派的庞德教授关于法律的理解更多了一种法哲学的味道。

首先,关于法律的理解,卡多佐认同法律是一项社会工程的观点。卡多佐解释说,法律是一个过程,一个行动,而不仅仅是体系化的知识,或者命令的集合;是去从事某种事业,而不是作为被动的器械。[③] 另一方面,庞德也强调司法过程在塑造法律中的重要作用。庞德说,法律正处于一种困难的境地:在一个正在变化的经济秩序中,应付许多新的社会问题和保障新的利益方面,法律并没有符合人们对它的期望。这个过程需要司法的过程来得以改进。庞德通过两个角度阐释法律的含义,司法过程包含在两个角度的论述中。从法律和社会生活的关系

---

① Benjamin N. Cardozo Reviewed work (s): Interpretations of Legal History by Roscoe Pound Harvard Law Review, Vol. 37, No. 2 (Dec. , 1923), pp. 279 - 283

② "1910 年到 1920 年代法律行业的进步势力中,庞德带头致力于更新法律,以适应这个国家翻天覆地的社会,经济变迁,致力于通过社会学法律学鼓励在法律领域运用实用主义,卡多佐立即响应庞德建立社会学法理学的号召,并写信给庞德,在今天看来显而易见的观点,多半是由于你的努力才得以进入美国律师与法官共同的思想宝库。"参见 A. L. 考夫曼:《卡多佐》,张守东译,法律出版社 2001 年版,第 210 页。

③ Benjamin N. Cardozo Reviewed work (s): Interpretations of Legal History by Roscoe Pound Harvard Law Review, Vol. 37, No. 2 (Dec. , 1923)。

来理解,法律是一种社会控制,它通过制度,权威性律令,和司法行政过程影响和控制社会生活。① 从法律自身的成分来理解,法律包括三种成分:权威性的律令、普通法法官的类推推理和法律理想。② 庞德认为,三大法学流派对于法律的理解各持一端,"分析法学所讲的法律主要是权威性律令中的立法因素;历史法学只关注了法律制度的连续性;哲理法学研究集中于律令的理想成分。他们共同忽视了司法和行政过程的意义"。③

其二,卡多佐也赞同庞德关于法律确定性的说法,在《法律史解释》的开篇,庞德有一句名言:"法律必须稳定,但不能静止不变。"在上一世纪占统治地位的法律理想是为适应"一个垦荒式的,乡村的,农业的社会。但这并不是今天社会的真实图画"。④ 卡多佐用自己的理解重新陈述了这个命题:今天的法律面临两重需要,第一种是稳定的需要,这种需要要求法官遵循先例的传统。另一需要是创建一种协调稳定与进步的法哲学,促使法律获得生长。第一种需要已经被深刻而广泛的感知,美国法律协会正在从事这方面的工作。第二种需要还没有获得普遍的接受,但逐年为我们所体会,罗斯科·庞德就是致力于

---

① 庞德在此提到卡多佐的理解说,卡多佐法官中肯的所称的司法过程,今天我们还需加上行政的过程。庞德:《通过法律的社会控制 法律的任务》,沈宗灵、董世忠译,商务印书馆1984年版,第22页。

② 庞德:《通过法律的社会控制 法律的任务》,沈宗灵、董世忠译,商务印书馆1984年版,第22页。

③ 徐爱国:《破解法学之谜》,学苑出版社2001年版,第189页。

④ 庞德:《通过法律的社会控制 法律的任务》,沈宗灵、董世忠译,商务印书馆1984年版,第8页。

阐述这个主题。①

第三,卡多佐认同庞德提倡的法官在司法过程中的创造性作用。他认为,这个观点对于普通法世界是一个变革。在19世纪以前,自然法占据统治地位的时代,自然法被认为是永恒不变的法。法官和学者的工作是发现和阐释自然法。当自然法思想让位于法律的历史解说,自然被认为是不断进化和演变的,是动态的而不是静态的,法律被看做是历史过程的沉淀,法律是历史的产物,但是历史也是自然的产物。培根认为,自然就是受其统治,对其顺从。法官,甚至立法者的工作是发现和确认法律,而不是主导这个过程。在这个过程中,"一些人在其中看到了民族伦理,权利观点,一些人在其中看到了自由的政治观点,一些人认为法律的状态就是一个类似人的生物的有机体,法律的发展需要发现为生存而斗争的生物法则。一些人发现了经济力量在其中起到的作用,习俗,以及君主的命令"。所有这些解释,他们强调的不同观点有一个共同之处,没有一个19世纪的解释可以聆听到作为律师、法官、学者、立法者创造性的元素。② 而在庞德看来,法律不是自行展开的理想画卷,而是人类行动可以改进的事物。

庞德曾把法律比做人类为了满足自身的欲求而建造的一座建筑,而后人类又为了满足其日益扩大或日益变化的欲求不断地对它进行修理,改造,重建,并不断地给它添砖加瓦。当旧有

---

① Benjamin N. Cardozo Reviewed work(s): *Interpretations of Legal History by Roscoe Pound Harvard Law Review*, Vol. 37, No. 2 (Dec. , 1923)。

② Benjamin N. CardozoReviewed work(s): *Interpretations of Legal History by Roscoe Pound Harvard Law Review*, Vol. 37, No. 2 (Dec. , 1923).

的法律材料不能为人所用时,应当既谨慎又大胆地去创建新的法律材料,并将它们都塑造成人们的欲求和愿望所赋予传统信念及信仰的那种形式。① 卡多佐评价说,庞德在书中的论述充实了我们对于过去和未来的理解,他赞同法官在社会变革中承担的积极责任。他说,庞德是我们新生活的先知。现代有学者把他们的共识概括为这样一种历史性的转变:在 19 世纪之前,法官的视角固定在具体案件,私人当事人之间,从先例中发现法律规则获得公平结果。而在一百年后,法官开始塑造普通法规则,他们的职能超出了仅仅在个案中实现正义的要求。私法问题受到社会政策的强烈影响,法官开始运用法律以鼓励社会变革。普通法开始承担起社会创新和变革的角色。②

　　第四,关于法律的目的。庞德明确否认用伦理道德识别法律的学说,但他也反对从法律中剔除伦理道德因素的做法。庞德把法律的目的看做是法律的正义理论,并把正义理论的历史发展概括为五个阶段:原始法阶段、严格法阶段、衡平法与自然法阶段、法律的成熟阶段以及法律的社会化阶段。庞德认为,现时代的法律正处于法律的社会化阶段。这一阶段的开端始于在法学上承认利益是权利所依托的终极观念。"人们逐渐把强调的重点从个人利益的方面转到了社会利益的方面。""这场运动的口号就是满足人们的欲求,而且这场运动还把其他的社会制度的终极目的(即以最少限度的摩擦和浪费而尽可能地满

---

① 庞德:《法律史解释》,邓正来译,中国法制出版社 2002 年版,第 8 页。
② 莫顿·J. 霍维茨:《普通法的变迁》,谢鸿飞译,中国政法大学出版社 2004 年版,第一章,工具性法律观念的兴起。

足人们的要求)视做法律的目的。"①卡多佐赞同关注法律目的的思维方式。法律研究应当关注法律的功能和社会效果。卡多佐在书评中说,法律的发展是朝向一个目的的,法官应当面向这个目的,而不是回顾法律的起点。在英国,边沁的工作似乎是从类似的观点得到了启发,但是他把法官改造成了一个立法者,认为法律的进步得益于制定法,他没有意识到司法过程同样包含着法律生长的种子。今天的司法哲学更关注目的(ends)而不是起点(beginnings)。由于法律是一项社会工程,法官作为一个工程师,需要自觉地判断他正在做什么,需要充分地认识到事情的目的和效果,而不是符合某种理想的形式,传统的规划。卡多佐赞同运用谨慎的实用主义作为法官的主导原则,通过协调不同利益之间的冲突,保障和促进社会利益。

(三)现实主义学者:阿加门农麾下的勇士

现实主义法学思潮相对社会法学较为晚近,同样受到实用主义哲学的影响,同样从社会现实和社会效果的视角看待法律问题,同样置疑和批判传统法律制度和法学,然而,他们的批判过了头。现实主义者要么过分夸大法律规则的不确定性,要么过于强调法官个性和政治因素在判决中发挥的作用。现实主义的代表人物是卢埃林和弗兰克。卢埃林和弗兰克都非常仰慕卡多佐。弗兰克曾赞扬卡多佐的"成熟心态",赞扬他向公众讲解司法判决的实情,"消除法律之谜"的努力。② 然而现实主义学者的主张却并不为卡多佐赞赏。他说:"近来与卢埃林的

---

① 庞德:《法理学》,邓正来译,中国政法大学出版社 2004 年版,第 441 页。
② 参见弗兰克:《法律与现代精神》,转引自 A. L. 考夫曼:《卡多佐》,张守东译,法律出版社 2001 年版,第 458 页。

讨论使我感到,现实主义者之间争吵多、交锋少,其分歧在很大程度上是言辞的。"① 为此,在题为《法理学》的一篇演讲中,卡多佐对现实主义的观点进行了批判,划清了自己的司法观点与现实主义学者的界限。愤愤不平的弗兰克因此曾写信与卡多佐争辩,解释其观点,然而卡多佐再没有过多回应。需要澄清的是,我们在这里称卢埃林和弗兰克为现实主义学者,不同于卡多佐理解的"现实主义"。卡多佐所说的现实主义是"忠于司法过程的现实,不为虚构或者偏见而蒙蔽"。② 在这个意义上,萨维尼是一个现实主义者,耶林、霍姆斯和庞德是一个现实主义者。而卢埃林和弗兰克在卡多佐看来,准确地说法是"新现实主义者",他们的观点与霍姆斯、庞德有实质的区别。③

卢埃林认为,法官的行为是法律的核心,法律规则本身不具有确定性。然而,法官的判决并不是任意的产物,司法界共同的价值观、司法程序和实现司法公正的监督体制等卢埃林列举的 14 个稳定因素保证了上诉判决具有一定的客观性。④ 卢埃林的看法至少在两个方面与卡多佐等社会法学者的看法发

① 本杰明·内森·卡多佐:《演讲录 法律与文学》,董炯、彭斌译,中国法制出版社 2005 年版,第 16 页。

② 本杰明·内森·卡多佐:《演讲录 法律与文学》,董炯、彭斌译,中国法制出版社 2005 年版,第 11 页。

③ 以下卢埃林和弗莱克的主要观点总结参见徐爱国:《破解法学之谜》,学苑出版社 2001 年版,第 200~207 页。

④ 卢埃林在《普通法的传统》中例举的 14 个导致上诉院审理稳定和秩序的因素:1. 受过法律训练的官员;2. 司法原则;3. 公认的原则性技巧;4. 法官的职责;5. 单一正确的答案;6. 法院的单一意见;7. 来自下级法院的事实冻结记录;8. 预先限制,突出和拟定措辞的审理;9. 律师的对抗性辩论;10. 集体判决;11. 司法保障和诚实;12. 公知的法庭;13. 概论各时期风格及展望;14. 专业司法职位。卡尔·N·卢埃林:《普通法的传统》,陈旭刚等译,中国政法大学出版社 2002 年版。

生了显著的不同。其一,法律规则是不是法律。卢埃林认为,法官、书记官、狱吏、律师就争议的问题所做的事构成了法律,而法律规则除非通过法官的行为,其本身并不是法律;而在卡多佐的司法哲学中,法律规则在一定的条件下可以成为法律。如前所述,卡多佐认为,面对将要发生的纠纷进行裁判,可以把一些原则和信条作为基础;当预期达到了一个很高的确定和确信,即当一致性始终如一,足以为人们提供一种具有合理确定性的预期时,法律就存在了。其二,卢埃林和卡多佐都承认法律规则不具有确定性,都承认法律需要稳定性,问题在于法律的稳定性与法律规则之间有没有关系。卢埃林认为,法律的稳定来源于司法程序,司法共识等制度因素,和法律规则没有关系。法律规则对法律的稳定没有贡献。而在卡多佐看来,法律稳定的基础恰恰在于对先例中的规则和原则的遵循和尊重。因为社会生活和社会利益的变化置疑、推翻或纠正的法律规则是少数。美国法学会对先例中确立的规则和原则进行整理是保障普通法的秩序和稳定的重要工作。

同卢埃林一样,弗兰克也对法院运作的传统观念持一种怀疑态度。然而,弗兰克认为,卢埃林的怀疑是不彻底的。[1] 他称之为"规则怀疑主义"。规则主义认为,法院判决意见中所阐明的正式法律规则,作为预测判决的指南,经常被证明是靠不住的。因此,他们关注上诉法院的判决意见。而弗兰克认为,不仅是法律规则,判决所依赖的事实也是捉摸不定的,因此,法律

---

[1] 参见杰罗姆·弗兰克:《初审法院——美国司法中的神话与现实》,赵承寿译,中国政法大学出版社 2007 年版,第 78 页。

规则是不确定的,甚至法律也没有稳定性。他们是事实怀疑主义者,关注初审法院的判决。弗兰克认为,稳定性和确定性是认识法律的魔法和神话,是儿童依赖父亲权威的渴望。① 其中一个不稳定的因素来自法官本身。法官不是天使,是一个普通人,法官实际通过感觉进行判决,法官的个性、偏好、经历以及偶然的外界条件左右了判决的形成。"一个初审法官因为中午吃得太多,在下午开庭时可能昏昏欲睡,以至于他可能没有听到证词中的某个重要内容,并且可能在判决案件时忽略。② 弗兰克用两个公式表达了传统观念和真实状况中判决形成的过程。"③

神话的公式:R(法律规则)×F(事实)=D(判决)

现实的判决:R(法律规则)×SF(围绕法官和案件的刺激等主观因素和案件事实)=D(判决)

弗兰克批评卡多佐说,卡多佐仅仅考虑了"规则的自由裁量",忽视了"事实的自由裁量","在度过了他作为律师和法官的大部分职业生涯后,在上诉法院,当他谈到预测时,他是指对上诉法院判决的预测……他排除了成千上万的案件在初审阶

① 弗兰克说,"为唤醒建设性的怀疑主义,我将试图帮助你窥视这种法律神话背后,向你解释司法机关的一些实际情况……把公众像孩子一样对待……试图通过愚民政策树立和维持公众对法院的尊重是错误的"。参见杰罗姆·弗兰克:《初审法院——美国司法中的神话与现实》,赵承寿译,中国政法大学出版社2007年版,第2~3页。

② 杰罗姆·弗兰克:《初审法院——美国司法中的神话与现实》,赵承寿译,中国政法大学出版社2007年版,第175页。同时,弗兰克引述狄更斯在文学作品中的话说:"一个善良,知足和好好吃过早餐的陪审员,是胜利的关键。而不满足和饥饿的陪审员,我亲爱的先生,总是会偏向原告的。"

③ 杰罗姆·弗兰克:《初审法院——美国司法中的神话与现实》,赵承寿译,中国政法大学出版社2007年版,第15页、第25页。

段所发生的事件,好像他们不存在一样"。①

　　然而,在卡多佐看来,"这些言辞尽管说起来尖锐、有力,具有惹人注目的新奇魅力,却考虑欠周,夸大其词。"他们是"阿加门农麾下的勇士",是一群"虔信派"。卡多佐从两个方面批判了新现实主义。第一,关于法律规则的确定性。他论述说,新现实主义者的主要观点是,法律并不能在法官的判决表达中发现,只有在法官的行为,也仅仅在其行为中才能找到法律。原则,规则与概念之中及其本身都不是法律,从而也没有固定法律形式的强制力。新现实主义对法学的价值,在于它致力于批判刻板和僵化的遵循先例的做法。然而,它的批判过头了,"到处都充斥着对匀称与秩序的古老理想不屑一顾的论调。带着纯粹嘲讽的口气,仿佛它们已被全盘抛弃。已被新的逻辑和方法论为百无一用"。② 在卡多佐看来,新现实主义的观点并不是学界的主流。

　　第二,关于法律的稳定性。在卡多佐的司法哲学中,遵循先例只是司法过程中的一个因素,而非整个的过程。因此,卡多佐赞同新现实主义者关于实现平衡和一致的优点可能付出过高代价的观点,关于法律只是追求目的的一种手段而非目的本身的观点,关于法律与人们真实现实的信念与行为保持一致,要比法官试图解释和理性化自己的行为与表述的言辞保持一致更重要的观点。秩序,确定性以及理性的一致性本身是好

---

　　①　杰罗姆·弗兰克:《初审法院——美国司法中的神话与现实》,赵承寿译,中国政法大学出版社 2007 年版,第 61 页。

　　②　本杰明·内森·卡多佐:《演讲录 法律与文学》,董炯、彭斌译,中国法制出版社 2005 年版,第 19 页。

的,但是在某种条件下,他们应当从属于其他更加重要的价值。然而,卡多佐批评说,勇士们对法律的稳定性有一种"狂躁的轻视"。在他们看来,追求秩序是一个幼稚的梦想,是青少年在父母引导下对确定性的渴望,也是受庇护的年轻人不愿面对成熟与成年带来的考验与风险。卡多佐强调,在要达成的目标中,确定性与秩序本身就位于最伟大、最显而易见的目标之列。

纽约州上诉法院的法庭

卡多佐借用名言告诉我们,正确的态度是,要在过度英勇和过度谨慎之间走一条合理的中间路线(英国波洛克爵士)[1];"伟大的改革必须适度,否则无法成功"(李斯库维斯基)。"历史上著名的法律大师都是最勇于追求原则的人,这却并不意味

---

① 本杰明·内森·卡多佐:《演讲录 法律与文学》,董炯、彭斌译,中国法制出版社 2005 年版,第 48 页。

着它们不敢拒绝已被证明为陈旧或不堪一击的原则。真正的危险不是对原则的追求,而是在这些原则的圣洁性没有得到时代的证明之前,就急不可耐地神化它们。"①

① 本杰明·内森·卡多佐:《演讲录 法律与文学》,董炯、彭斌译,中国法制出版社 2005 年版,第 38 页。

第二章　判决意见

第一节　合同中的第三人

第一篇　唐纳德诉别克汽车案 1916 年 3 月 14 日的判决书①

被告是一个汽车制造商,他把汽车卖给一个零售商,零售商再把汽车卖给原告。当原告坐在车中,汽车爆炸了,他被甩出车,受伤了。后来发现其中一个轮子是有缺陷的木材制成的,它的轮辐已经化为粉碎。轮子不是被告制造的,是从另一个制造商那里买来的。然而,有证据表明,制造商通过合理的检查就可以发现这个缺陷,而检查被省略了。没有证据表明被告明知损害恶意隐瞒。不是欺诈,而是过失。需要决断的问题是,被告对并非直接购买者的第三方负有注意和谨慎的义务吗?

----

① Donald C. MacPherson, Respondent, v. Buick Motor Company, Appellant Court of Appeals of New York217 N. Y. 382; 111 N. E. 1050; 1916 N. Y. LEXIS 1324.

卡多佐将这个案件与先例 Thomas v. Winchester（6 N. Y. 397）比较分析。Thomas v. Winchester 案件中,售货员将贴错了标签的毒药品卖给了药剂师,药剂师转而卖给了顾客。顾客请求法官要求贴错商标的售货员损害赔偿。法官认为,由于被告的过失,使得人的生命处于一种"迫近的危险"。贴错标签的药很可能伤害到任何一个拿到药瓶的人,因为危险是可预见的,存在避免损害的义务。如果将眼前这个案件与毒药瓶案件相比较,按照这样一条思路:他们的行为,虽然都是过失,但区别在于,制造商的过失除了对于购买者,不可能再导致对任何人的伤害,制造商不负有任何义务。这样运用 Thomas v. Winchester 的原则可能就是不确定的或者错误的。

卡多佐列举一些适用 Thomas v. Winchester 规则的案件。指导案件的区分和比较的原则是考察造成损害的事物的使用目的。Devlin v. Smith(89 N. Y. 470)案件中,被告是一个承包商,为一个画家建了一个脚手架,结果画家的仆人使用时受伤了。判决判定承包商负有责任。他明知脚手架如果建得不合适,是一个危险,他也明知会被工作的人使用。他制作脚手架正为了这个目的。为了使用而建造,他对使用者都负有责任,即使他是与他们的主人签订的合约。Statler v. Ray Mfg. Co. (195 N. Y. 478, 480) 案件中,被告是咖啡壶的制造商,餐厅里的咖啡壶加热时,发生爆炸,炸伤了原告。判决认为制造商有责任。根据咖啡壶固有的特性,当运用于所设计的目的,可能会成为一个巨大的危险,如果制造时不小心谨慎,制造商就是有责任的。卡多佐认为这些案件已经对 Thomas v. Winchester 中的规则进行了扩展。在 Thomas v. Winchester 规则的案件中，被告行为所从事的事物，他们的一般功能是伤害性的或毁灭性的：对生命迫近的危险毒药，炸药，致命武器。但是，在上述这些案件中的，Thomas v. Winchester 中的规则不再是严格意义的。脚手架固有的特性不是破坏性的器械，只是当建造有问题的时候他们才可能具有破坏性。当咖啡壶被疏忽大意制造的时候，才可能发生危险。然而没有人认为一个正常功用的器械是有破坏性的。

从 Kahner v. Otis Elevator Co(96 App. Div. 169)案件中电梯的制造商到 Davies v. Pelham Hod Elevating Co. (65 Hun, 573；affirmed in this court without opinion, 146 N. Y. 363)提供有问题的绳索并知道绳索的用处的承包人，以及出现在英国的上诉法院类似的案件，卡多佐总结出法官思想的倾向(从 Brett, M. R. 的意见书到后来的 Lord Esher)，关于制造商责任的概念，并不考虑合同问题。无论何时一个人提供商品，机器，类似的物品，为了另一个人在一般意义上使用商品的目的，如果能够认识到，对于这个东西运用的条件或者运用的方式，需要尽到一般的注意，否则对于这个人或是财产将存在危险。如果缺乏那样的注意，当损害发生，制造者就应当对损害提供适当救济。要求承担责任的权利不限于直接的购买者。这个权利扩展到使用这个东西的人。

因此，Thomas v. Winchester 的原则不限于毒药，爆炸物，类似具有毁灭性的事物。如果根据一个东西的本性，知道若是疏忽大意的制造，会使生命处于危险中，制造商应当承担谨慎小心的义务。从先例中，制造商义务的界定能使我们估量被告的责任。根据汽车固有的性质可以推测如果制造存在缺陷，就会造成生命危险。汽车以每小时 50 英里的速度行进,如果轮子有缺陷,不结实的,造成伤害几乎是肯定的。一个存在瑕疵的机车在公路上就相当于一个危险。被告知道这个危险。他也知道车将被第三方使用而不是购买者。购买者是一个汽车经销商,买车是为了卖车。这个车的制造商从销售商转手提供给购买者使用,类似于 Devlin v. Smith 中的承包商,提供脚手架给所有者的仆人使用。

同时,卡多佐也列举出一些相反结论的判决。Cadillac M. C. Co. v. Johnson(221 Fed. Rep. 801)案,以及 Sanborn 法官在 Huset v. J. I. Case Threshing Machine Co.(120 Fed. Rep. 865)的判决意见没有遵循 Thomas v. Winchester 的规则,但是,在这些案件中,卡多佐认为,法官给出的司法意见是有说服力的。他这样论述说,这些案件,乍一看和我们得出的结论不同。然而案件结论的不同在于原则的运用而不在于原则本身。或者原则没有改变,但是从属于这个原则的事物发生了改变。或者制造商的过失与事故发生的关系太遥远,并且伴有另一个原因的介入。例如,承包商建了一座桥,或者制造商造了一辆车,对他人的损害是可以预见的而不仅仅是一个可能。比如,一个人出售了一匹烈马不仅对购买者负有责任,而且对马车中的另一人负有责任。又比如在 Elliott v. Hall(15 Q. B. D. 315)案件中,被告用有缺陷的卡车装载货物,连车带货卖掉,买者的仆人在卸货时候受伤,法庭认为被告对买方的仆人负有责任。而得出相反结论的案件,比如在英国,经常被引用的先例 Winterbottom v. Wright 案,被告承担提供邮车运送邮包的义务。由于潜在制造缺陷,车坏了,然而被告,提供邮车的人(不是制造商),

法庭认为,对于乘客的损伤没有责任。英国法庭同我们的意见一样:一个人邀请另一个人使用一个器械,应当有合理的注意义务。Devlin v. Smith.案中承包商建了一个脚手架,请所有者的工人使用。制造商卖汽车给零售商由零售商的顾客使用。A与B签订了合同,对于他可以预知的使用人C和D或者其他人,承担责任在法律中我们发现了一个推论,估量房东的责任。例如,如果A借给B一幢摇摇欲坠的房子,在不存在欺诈的条件下,B的客人C进入因此受伤了。A对C有没有责任? 没有。因为修理房屋是B的责任。但是如果A租借给B是为了公共表演的用途,规则就不同了。受伤的人是租借人是可以预见的,因此具有注意义务。

卡多佐总结,本案中的被告负有检查零部件的义务,因为他是一个汽车制造商。他负有对于产品整体的责任。他没有理由在对零部件一般的简单的测试就投入市场。可能的危险越大,越需要小心检查。同样是存有缺陷的轮胎,以每小时50英里的速度前进,对于马车和汽车可能发生的危险是不同的。四轮马车时代已经过去了,在汽车时代,对第三人的救济,法律应当有所改变。当然法官作出的改变应当在遵循先例的规则范围之内,保持先例的一致性。卡多佐推翻了初审判决。

●[①]在这个案件中,卡多佐面对的一个问题是,A制造了一个东西,把它卖给了B,C从B那里把这个东西买来,因为东西本身制造瑕疵受到伤害,A对C的损害承担责任吗? 卡多佐认

---

① 凡此符号之后的内容为作者对该判决书的分析思路或判决书中涉及的主要侵权法知识的整理和思考。

为制造商应当承担责任,他的分析核心在于考察作为制造商的 A 能不能预见到他的过失行为可以对 C 构成损害的威胁。因此,A 承担责任的条件是他的预见力。如何论证制造商的预见力?卡多佐从商品的使用目的出发,认为制造商应当预见到直接购买者——销售商——并不是商品的使用者,制造商的产品质量责任应当对那些使用商品的人负责。而且,卡多佐认为,在现时代,同样速度运行的汽车产生的危险远大于马车造成的危险,制造商能够预见到这种危险,更应当谨慎对待商品生产过程。卡多佐充分地向我们展示了作为一个普通法法官如何运作"区别的技术"。这些技术包括,如何分析先例与案件一致的方面,不同的方面;如何在大量的先例中找到一种趋势;如何看待那些作出相反判决结论的先例,在这个过程中我们可以细细体味卡多佐是如何运用先例中的原则和规则,又如何将这些原则和规则进一步变化和发展,即实现创造性与连续性的平衡。

第二篇 自来水公司有救火的责任吗? 1928 年判决书①

被告是一家自来水公司,它与市政府签订供水合同,依照合同,被告为以下活动或单位提供充足水源:冲刷下水道和清洁街道,为学校和公共场所供水,为城市消防栓供水,为市民住宅和工厂供水。在合同的有效期内,一栋大楼着火,火势蔓延

---

① R. E. Moch. Co. v. Rensselaer Water Co. Court of Appeals of New York 1928 247 N. Y. 160, 159 N. E. 869 参见徐爱国:《英美侵权法》,北京大学出版社 2004 年版,第 229~230 页。

至临近的原告仓库,毁坏并烧掉了仓库及库内的货物。原告认为,自来水公司对于自己的损失负有责任。因为,在火灾发生时,被告已经及时得到通知要求提供充分的水源灭火,依据现有设备,被告也完全可以提供充分的水和必要的压力来遏制火势蔓延。然而被告并没有做到。原告称,因为被告没有完全履行它与市政府的合同,造成了自己的损害,要求对此赔偿。初审法院支持了原告。卡多佐作出了相反的判决。他认为,自来水公司没有救火的义务。

首先,自来水公司如果没有完全地履行它与市政府订立的合同,它需要对市民的损害承担责任吗? 合同的第三人能对自来水公司提起诉讼吗? 卡多佐分析说,城市的每一个合同都是为了公共的利益,在一般情况下,一个普通的市民没有权利起诉立约人违约。否则,任何一个市民——因燃料未送到市民住宅而感冒的人,因邮递员延误投递而损失生意的人,或因消防设备的制造上延迟交货而遭受火灾的人——都可能针对行政合同的履行瑕疵提起诉讼。除非两种情况,第一,合同中特别规定,立约人因违约造成市民的损害,需要对遭受损失的合同的第三人承担责任。第二,这个第三人可以证明损害利益不是偶然的、次要的,而是主要的、直接的,并达到立约人应该对此承担责任的程度。而本案不属于这两种例外。

其次,自来水公司没有提供充足的水源扑灭大火,是不是一种失职行为? 原告根据普通法中一句古老的格言:不计报酬的行为也应当负有注意的义务,认为虽然作为市民的原告并未直接向自来水公司付费,自来水公司也应当对其工作尽职尽责。卡多佐分析说,如果一个医师动手术时没有给手术器械消毒,一个工程师在维修设备时没有切断电源,或者一个汽车制造商没有充分的检查他的产品,他们应当对受害者承担责任,因为他们的行为是失职的。然而失职行为必须达到一定的程度,卡多佐说,这种程度就是在这个类型的案件中,不是消极地减损了一种利益,而是积极地或者肯定地造成了伤害。自来水公司不肯过分出力行为还没有达到这样的程度。另外,卡多佐认为,根据制定法,规定自来水公司以合理速度供水的法定义务不能作扩大的解释。

●12 年前,卡多佐在别克汽车案中确立了合同当事人对合同第三人因产品质量造成损害承担赔偿责任的规则。而在这个案件中,为什么合同的第三人没有获得赔偿?考夫曼教授认为,在别克汽车案中,促使卡多佐得

美国哥伦比亚大学法学院

出结论的因素是,潜在的原告是已知的,而在本案中,潜在的原告不可胜数。[1] 是这样吗?什么叫做已知?销售者可以预见购买汽车的确切的某个人?什么叫做不可胜数?供水合同中没有明确规定供水单位和活动?这个说法恐怕是存在问题的。首先,在别克汽车案中,制造商的行为是存在过失的,他没有对从别处购买的轮胎进行合理的检查,制造商的行为"不是消极地减损了一种利益,而是积极地或者肯定地造成了伤害"。并

---

[1] A.L.考夫曼:《卡多佐》,张守东译,法律出版社 2001 年版,第 310 页。

且,制造商可以预见到他的过失行为将对购买汽车的人造成损害。因此汽车制造上承担责任的条件是他的过失行为和预见能力。而在本案中,卡多佐否认了自来水公司的行为是一个过失行为。也可以说,卡多佐并没有使自来水公司负担像汽车制造商一样的责任。考夫曼教授推测,赔偿业主损失的任何判决对市政府及其公家经营的自来水公司的关系均产生财政影响,卡多佐不愿认可对州政府产生财政后果的新责任。[1] 也许这种推测有其合理之处。然而,如果我们比较自来水公司和汽车制造商从事活动的性质就会发现,这个解释更能合理地说明为什么汽车制造商和自来水公司在各自的案件中承担不同程度的责任。因为汽车制造商的工作是提供安全优质的汽车,而自来水公司的工作是提供充足的日常用水,它不是消防部门的附属单位。正是因为汽车制造商和自来水公司从事不同性质的活动内容决定了责任的范围。

第二节　可预见性标准

第一篇　一颗痘痘引发的死亡赔偿　1918 年判决[2]

1915 年 6 月,贝利的嘴唇长了丘疹。和他一起吃午餐的朋友说,在那时看起来好像只是普通的丘疹。一天之后,它变大了而且红肿。7 月 10 日,贝利去看了医生,医生说,当时贝利的

---

① A. L. 考夫曼:《卡多佐》,张守东译,法律出版社 2001 年版,第 310 页。
② Maude Lewis, as Executrix of John F. Bailey, Deceased, Appellant, v. The O-cean Accident and Guarantee Corporation, Limited, of London, England, Respondent.

嘴唇上有一个被刺破的伤口,伤口发炎并感染了皮肤深层的组织。后来医生打开了贝利的唇,进行了救治,但是已经来不及了。感染贯穿脸颊一直到了眼睛。一周之后,7月17日,贝利瘫痪,失明,在第二天死亡。贝利生前买了一份意外事故的保险,"由于直接的、独立的、专门的,由于意外事故导致的身体伤害,产生的损失和残疾"保险公司予以赔偿。诉讼的问题是,贝利是否因为意外事故死亡,保险公司是否应当赔付保险金?

在这篇判决书中,卡多佐运用逻辑的方法分析案件事实,事实的分析围绕"意外"在侵权法领域的含义。卡多佐再一次从"预期"的角度出发,论述对于一个理性人来说,"意外"的概念是什么。卡多佐分析说,经查证,贝利的死亡是由于一种名为葡萄状球菌的细菌引起的脑炎。毫不怀疑,真菌来自被感染的丘疹。如果感染是由于意外事故,被告是有责任的。从陪审团可能发现的证词,丘疹被某种工具刺破,刺破的结果导致了组织感染,如果发生了这些,死亡的后果就是一个意外。我们认为,使用皮下注射的针导致感染是一个"意外事故",同样,丘疹刺破引起的感染也是一个意外:挠或者刺的行为是微小的,无辜的,甚至也是无害的,却产生了破坏性的微生物在皮肤中繁殖,最终致命。

对于科学家来说,在自然的物质的范围内,没有什么事件是意外。但是,我们对于阐释"意外"在合同中的意义,不能像科学家认为的那样。我们的标准必须是一个普通人。对于一个普通人来说,相对于引起它的那样微小的原因,这样的后果,是如此得不合逻辑,难以想象,不可预期,它是超出一般的、不可提防的灾祸。这就是一个意外。意外是原因和后果的不合逻辑,它的发生是意料之外的异常的事故。被告认为,刺伤可能不会引起感染。但是,原告的专家说,以他们的看法,真菌从皮肤进入更深的组织,是外伤引起的。他们说,外伤总是引起这样的感染。我们发现,这里外伤就是可见的被刺破的伤口。贝利年轻时是运动员并且很健康,他本可能有免疫力抵挡感染的,因此刺伤是导致不幸的一个足够的原因。卡多佐推翻原判,判决重新审理。

第二篇 读不懂发不出的一份商业电报 1927 年判决①

1922 年原告,科尔轮船公司,将一封电报交给被告美国无线电公司,要求它递送到菲律宾马尼拉。这封电报包含 29 个字母,并且加密。电报由被告的一家分支机构撰写,由于被告没有直接传送到菲律宾的线路,双方达成关于转递的协议,"通过 R. C. A. 邮寄这封电报",并将这一协议印在电报文本上。本应转递的路线是先送到伦敦,然后在那里转给其他公司再到达目的地菲律宾。但是这个线路比较贵。为了减小花费,走一条更直接的线路,被告将信息转递给商业电缆公司,通过海底电缆传递。转递的信息,存有副本,一个副本放在电缆公司,另一个放在被告处。但是,由于加密的电报密码很奇怪,翻译成英文表意特别模糊,虽然可以从一些单词中猜测出可能有某种意思,但是这些信息无法被完整确切地传递。电报的实际内容是

---

① Kerr Steamship Co. , Inc. , Respondent, v. Radio Corporation of America, Appellant Court of Appeals of New York 245 N. Y. 284; 157 N. E. 140; 1927 N. Y. LEXIS 624; 55 A. L. R. 1139.

关于原告向菲律宾某商业客户指示关于装载货物的通知。由于没有及时向菲律宾方传递信息,货物没有装载,并且还丢失了。轮船公司于是提起诉讼要求美国电讯公司赔偿货物损失6万6675美元,这个数额是如果信息及时正确传送,轮船公司可以得到的利润。初审法院判决支持了原告。但被告坚持认为应当赔偿的费用26.78美元。

初审法官支持原告的主要原因是,被告对于电报有关交易主题和交易后果是可以预计的,它应当对交易因电报传递失败造成的后果承担责任。虽然被告不能阅读密码,但它可以理解到电报涉及到某种商业交易。被告接受轮船公司加密的长电报,送递马尼拉,一个有理性的人可能自然地推测,信息有关某种商业的主题,可能有关于装载货物、销售、雇用代理或者任何有关交易的协商。而且可以预计到交易将承担的某种责任。这是一封商业的通知而不可能再推测出别的主题。

卡多佐认为,违约之损害赔偿限于因违约而自然发生的损失,或可合理推断为当事人可预见的损失。第一,电讯公司造成的交易的损失是什么性质的损失?卡多佐区分了因交易失败造成的损失"一般的损失"和由第三方造成交易损失的"特别的损失"。卡多佐说,这个区别不是绝对的而是相对的,对一种类型合同的损失是一般性的可能对于另一种性质的合同就是特殊性质的损失。如果 A 和 B 签订关于销售大宗货物的合同,违背合同造成的损害是一般损害。因为双方对于交易的性质,责任的后果都是充分了解的。如果 A 给 X 一封电报,让他转交给 B,关于销售合同的电报,或者一封信函,因为 X 的失职造成的交易损失不再是一般性的损害,而是"特别的损失"。

第二,发信人能不能确切地预见到 A 方和 B 方可能产生的损失呢? 初审法官认为当 X 从某种特定的情形推断出他所交付的电报或者信函关于某种商业事务,那么对于因此造成的任何损失,都要追究他的责任。这是不合理的。但是 X 对于商业主题了解到何种程度? 对于交易可能承担的责任后果了解到何种程度? 这种推测并不能成为责任成立的稳定确切的基础。原告观点的错误在于,他认为,关于交易信息有误,存在于交易双方的一般损失同样可以适用于第三方。因此 Hadley v. Baxendale 中关于传递信息有误的规则对于在这个案件并不适用。卡多佐说,在复杂的现代社会中,无论如何勤勉的调查,一个人不可能确切预计到涉及另外两方行为可能产生的一般的结果是什么。尤其通讯行业还处于幼年。

第三篇　帕斯格拉夫诉长岛铁路公司　　1928 年判决①

帕斯格拉夫女士站在火车站的月台上等车,她准备去海滩。她等的车还没有开来,一辆开往别处的火车马上要出站了,两个人急匆匆地跑来想要赶上这辆车。其中一个人跑得比较快,赶上了车,这时火车已经徐徐开动,另一个人,带着他的行李,跳上了火车但似乎没有站稳要摔倒,这时车站负责开关门的警卫帮他拉进来,另一个警卫在月台上从后面推他上去,结果这人的包裹掉了,掉在了铁轨上。这是一个很小的包裹,

---

① Helen Palsgraf, Respondent, v. The Long Island Railroad Company, Appellant Court of Appeals of New York 248 N. Y. 339; 162 N. E. 99; 1928 N. Y. LEXIS 1269; 59 A. L. R. 1253.

大约 15 英尺长,用一个报纸包着,看不出包的是什么,实际里面是一包烟花爆竹。爆竹掉落后爆炸了,一些碎片被冲击到好几英尺以外一直到月台的末端。碎片打在原告身上,造成伤害。原告因此提起诉讼。

原告主张被告行为存在过失,侵犯她的身体安全权利,应当对她所受的损害承担责任。卡多佐认为,这个主张是不成立的。侵权责任的发生产生于一个不当行为,这个行为违反了法律所保护的损害者的合法权利,并且不当行为人主观上存在过错。在这里,卡多佐论述了过错在普通法关于人身伤害救济的历史中的发展:在中世纪,对于个人损害唯一的救济是 trespass,这种救济不考虑行为人的主观因素,从 trespass 发展到 case 再到过失作为独立的民事责任,行为人的主观状态成为判断其责任的一个重要因素。原告要求保护的权利是法律所保护的人身安全。问题是,警卫的行为是不是一个不当行为,是不是存在过错?

首先卡多佐认为,警卫对原告没有注意义务。如果警卫知道报纸包裹着可能发生的灾祸,而有意地扔掉它,这就是一个不当行为。但实际上,警卫的行为并不存在对原告安全的威胁,至少在表面上对她无辜无害。在每一种场合,过失行为的背后都存在一个义务。过失表现为行为人缺乏注意义务。原告无法证明警卫对自己负有注意义务,没有尽到这个义务。举例说,如果因为某人无意触碰到一颗炸弹引起爆炸,对于受伤害的人来说,做了坏事的人是那个带来炸弹的人,而不是无意识的引发爆炸的那个人。因此,警卫对被告并不存在注意义务,他的注意义务的对象是包袱的持有者,而不是站在远处的原告。

　　第二，卡多佐认为，损害后果是警卫无法预料到的，他对无法预料到的损害后果不承担责任。卡多佐假设了两种情形。其一，月台上有一捆报纸，表面上看似乎是一捆报纸，实际里面是一罐炸药。其二，是一个消防员或者行李搬运工留在人行道上的小提箱。如果警卫被这两样东西分别绊倒，对于受伤的乘客，他所负担的注意义务程度是不同的。前者，警卫只要尽到一般的注意就可以。而后者，警卫需要特别的小心。为什么？因为后者的危险是可以预见的。本案的情形是，一个报纸包着的普通的包裹会引发如此大的一场事故，这是警卫无法预料到的后果。

　　此外，卡多佐强调空间因素对于确定责任是一个重要因素。卡多佐说，行为的风险责任具有相对性，这个相对性应当在它所存在的范围中去理解。一个人高速驾车，穿过拥挤的城市街道，是疏忽大意的行为，是一个不当行为。如果同样的行为发生在高速路上、赛道上，就不是不当的行为了。正如一个人在人群中推搡他的邻居，并没有侵犯其他站在外围的人的权利。而案发时，帕斯格拉夫女士站在远处，这个空间的距离更加限制了警卫的预见能力。破坏性的力量，以一种意想不到的、出乎被告的一般注意的方式导致了悲剧的发生。事故的发生是不可预见的，受伤的原告是不可预见的，被告不承担责任。推翻原判。

　　●卡多佐从被告是否对原告负有责任出发，将对损害后果和受害者能够预见性作为判断责任的唯一标准，从而绕过了去论证被告行为是否是原告损害的法律原因。为什么卡多佐选择把责任而非因果关系作为论证的起点？卡多佐在早年的案件中说,法律上的因果关系具有相对性,是因为这个起点不能确定所以才选择可预见的责任标准吗?帕斯格拉夫为什么不起诉那个将爆竹带入车站的人呢?因为铁路公司比那个乘客更有钱吗?安德鲁斯法官在反对意见书中认为,一个人不只是对某个人,而是对整个社会承担谨慎义务,凡是因为过失行为受到损害的人,不论能否预见,都是受害者。这个观点是不是也有道理呢?法律问题和争议使一个寻常的案件成为了经典。

第三节　因果关系的中断

第一篇　在爆炸中丧生的旁观者　1916 年判决①

被告在罗切斯特城伊利湖运河河岸有一个仓库。他在仓库中存放了一些炸药,用于爆破。炸药装在小锡盒里,33 个锡盒装入一个木盒,这些木盒共同装在一个大盒子中,上面写着"爆炸物,小心"。存放炸药的区域是一片公共土地,男孩子们通常去那里玩耍、钓鱼。根据成文法,在一个公共场所储存炸药是违法的。一个附近桥上的工作人员证明,他在 1911 年 12 月 12 日下午和晚上看见,装爆炸物的库房开着,而这个仓库以前是锁着的。有记录表明,它以前也从没有开过。在五六点,一个叫做约翰的 13 岁的男孩和一个叫做埃瑞克的 12 岁男孩,路过仓库。他们在回来的路上,在仓库停留,取走了其中一个木盒。

① William J. Perry, as Administrator of the Estate of William J. Perry, Jr., Deceased, Appellant, v. Rochester Lime Company, Respondent Court of Appeals of New York 219 N. Y. 60; 113 N. E. 529; 1916 N. Y. LEXIS 798.

之后，他们到一位朋友家里吃晚餐。在晚餐之前，他们来到院子，他们向玩伴展示了他们的木盒子。几个小锡盒在他们手里，另外一些在他们口袋里。在他们离开回家之前，他们来到院子把小锡盒放进木盒，带走。到家后，他们把木盒藏在附近的谷仓里。他们的家和佩里的家距离被告的仓库有半英里。第二天放学之后，佩里夫人看见约翰在谷仓里，听见他叫克拉克和他一起玩。他们带着木盒走出仓库，她并不知道那里面有什么。一个叫做佩里的 8 岁小男孩跟着他们，妈妈让她的小女儿去叫男孩回来，但是他已经不见了。几分钟之后，听见了爆炸声，约翰、克拉克、佩里都死了。诉讼的问题是，被告对佩里死亡是否负有责任。

卡多佐分析说，被告储存炸药并没有得到法律许可，更糟的是，他把炸药储存在一个公共场所。但是被告承担责任的范围，是对由他的不当行为所引起的最近的后果承担责任。换句话说，对于作为一个理性审慎之人应当预见到的后果承担责任。仓库确实是开着的，但是小盒并不是敞开的，他们藏在一个大的木头箱子里。男孩子没有一个个玩这些小盒子，他们根本没有玩。他们只带走了一个较大的木盒，里面装了 33 个小盒，偷了这么大数量的盒子。必须注意到，对于这个年纪的男孩，这种行为是不当的。确实，有合理的理由可以相信，男孩子们偷了木盒，不是为了玩而是为了利益——把这些盒子卖掉。而被告并没有引诱或者招惹这些小偷。被告没有把这些小盒子分散放置也没有将小盒子暴露在外，以此引诱孩子们，是他们误以为得到了许可，可以玩。事实是这些炸药装在锡盒里，然后将锡盒藏在木头盒里。在爆炸之前，由于一系列新的不可预见的原因介入,导致了佩里死亡。佩里的死亡并不是可以合理预期到的。男孩子发现了铁盒,偷了盒子,把它带回半英里之外的家,导致了同伴的死亡。公路上敞开的仓库并不是导致佩里死亡的最近原因。

卡多佐引用了与案件事实相似的一个先例 Moran v. Inhabitants of Watertown (supra)案。被告是服装厂的一个职员,他在路上落下一只工具箱,箱子里装有炸药但没有上锁。一些男孩拿出一些炸药扔进了他们在附近燃起的篝火。原告站在篝火附近,因爆炸被严重烧伤了。法庭认为,被告不当地安置炸药并不是引起伤害的最近原因。在那个案件中,炸药是暴露在外的,没有被隐藏,被告丢失箱子的过失行为不久随之发生了爆炸,爆炸的时间和地点与整个事件都是统一的。而在本案中,爆炸发生在从仓库中盗取炸药的第二天,爆炸地点在半英里之外,并且是因偷窃引起的爆炸,一个不当的窃取使炸药置于一个新的陌生的环境,而被告并不存在诱使偷窃的动机。遥远的时空因素影响了我们的裁判。

卡多佐认为,这些中介的原因都影响了被告的预见。而在其他一些案件中,被告能够承担责任的原因在于他对于危险后果的直接的、没有障碍的预见力。Travell v. Bannerman (71 App. Div. 439;174 N. Y. 47)案中,被告可以预见到一个小孩可能会认为这个东西是无主物,去拿来玩。或者在其他案件中,被告故意把危险装置让一个没有能力操控的人把持,因此对于可知的结果承担责任。Carter v. Towne(98 Mass. 567)案中,被告把黑色火药卖给小孩子;Dixon v. Bell (5 M. & S. 198)案中,被告将装满子弹的枪交给一个没有经验的女佣;Anderson

v. Settergren（100 Minn. 294）案中,被告违反制定法,出售轻武器给未成年人;Sullivan v. Creed（2 Irish Rep. ［1904］317）案中,被告把一把装满子弹的枪落在公路上。被告可以预见到一个无辜的行人拿起枪,结果伤到了第三人;Lynch v. Nurdin（1 Q. B. ［A. & E. N. S.］29）案件中,一匹马留在街上没有人照看,被告也可以合理地预见到某人可能会移动它。而在本案中,继起的伤害和不当行为之间存在太遥远的关联,佩里的死亡是被告难以合理预见到的。卡多佐最终支持了被告。

●佩里案并没有偏离了别克汽车案的精神。卡多佐同样强调承担责任的条件是可预见性。但是与制造商对于商品使用者和危险后果的预知不同,在佩里案中,虽然仓库的门开着,但雷管藏在锡盒里,遇盗及随后男孩死亡告终的事件,属于新出现的、始料未及的中介原因。举例来说,如果 A 打伤了 B,B 到医院接受了 C 医生的治疗,但是 C 医生是一个庸医,C 给他打针用错了药,导致 B 神经系统受到严重伤害。A 对于 B 现在的灾难有没有责任呢？如果因为一个很小的过错,由于第三人的行为造成了极其严重的后果,让 A 对于这种后果承担责任是不公平的。C 医生的行为独立于 A 的行为,C 医生不负责任的治疗行为就构成了 A 对于 B 损害承担责任的中介原因。在本案中,切断被告责任的中介原因包括与最近原因相关的地理因素、时间因素以及第三人的独立于被告不当行为的临时因素。这些因素构成了被告不当行为与原告损害之间"因果关系链的中断"。

第二篇　空间的远近和原因的远近　　1918 年判决[①]

1915 年 9 月 12 日，被告，一个关于火灾和海运的保险公司，与原告亨利伯德签订保险合同。原告投保因火灾引起的损害赔偿，赔偿范围包括因火灾导致的人身财物以及船上的其他设备的损失。1916 年 7 月 30 日的一个晚上，纽约的一个海港，在乐海山谷铁路运输公司院子里停着一些装满货物的车，突然燃起无名之火，由于这些车上装满了炸药，火燃烧了至少 30 分钟，所有的车完全爆炸。货运院子中还储存一些炸药，继而引起了更大范围和程度的爆炸。最后的爆炸引起了空气的震荡，损害了 1000 英尺之外的原告的船，原告损失 675 美元。火没有延伸到船上，船的损害只是由于第二次爆炸产生的震荡。问题是，原告的损失是否在保险范围之内？

上诉分庭作出了有利于原告的判决。卡多佐作出了相反的裁决。他分析说，如果火蔓延到被保险的事物，并且在那里产生了爆炸，保险公司对于火灾和爆炸损失是有责任的。但是，保险中并不包括由相邻火灾引起的爆炸导致的损害赔偿。卡多佐引用了一个英国的案例 Everett v. London Assurance Co. （19 Common Bench N. S. , 126）由于点燃了黑色火药导致了一场大爆炸。距离一英里之外的原告的房子由于震荡受到了损坏，法庭作出了有利于被告的判决。损害的原因不是火灾引起，而是由于其他地方着火导致空气的震荡引起的。在路易斯

---

① Henry Bird, Respondent, v. St. Paul Fire and Marine Insurance Company, Appellant Court of Appeals of New York 224 N. Y. 47; 120 N. E. 86; 1918 N. Y. LEXIS 856; 13 A. L. R. 875.

安那，在田纳西州，都存在类似的规则。

卡多佐引述肖法官对于法律原因的看法：事件发生的原因不是一条链，而是一张网。在每一个点上，各种因素的影响力同时发生，无穷地扩展。司法判决需要从这个复杂的网上，选择有支配力的原因。我们必须把我们自己当做一个真实财产所有者，他的船或是房子由于远距离的震荡被损坏了，这个距离假设是一英里以外，厨房里的一些玻璃器皿因为震荡摔破在地上，这属不属于因为火灾遭受的损失呢？一个拥有正常理性的人不会认为这是火险承保的范围。一段如此遥远的距离振动导致了损害发生，这样的后果已经不在合理的预期之内。先例也没有限制把空间距离作为因果关系的要素，这是正确的，尤其在保险法领域，不能在遥远的原因中自找麻烦。空间因素破坏了原因链条。

卡多佐认为，因果关系具有相对性。事件的原因对于一个物理学家和一个法学家是不一样的。法律考虑因果关系不是绝对的。近因和远因是相对的并且是变化的概念。这里面确实存在含糊的标准。但是，我们面前的问题不是一个哲学问题。定义哪一个是最近原因似乎并不能帮助解决问题。指导原则应当是，追溯事件发生的原因在于追寻合同双方的目的。通过当事人的表达或是通过法庭公正的推断一个理性之人签订一个商业合同，他的目的是什么。在本案中，由于合同的约束力，保险的目的已经限定，火灾是损失的最近原因，而爆炸是较远的原因。火必须接近被保险的事物，或者在一段接近的范围内，合理的可能的范围内。原告的损害不在保险应当赔偿的损害范围之内。卡多佐推翻原判。

●一个远距离的火灾引发了爆炸,爆炸损害了原告的船。原告能不能通过与保险公司签订的火险得到损害赔偿,需要判断损害是不是由于火灾引起的。构成侵权法上损害与责任之间的因果关系需要同时满足事实原因和法律原因。事实原因要求假设"若不是"因为这个因素,这样的结果"就不会"发生。在本案中,大火可以作为原告的船受损的事实原因,因为若不是发生这场大火,就不会发生下面的事故了。但是若我们分析一个事件如何产生,可以追溯到无穷远。法律原因就是要寻求到最近的一个原因。案件中分析的法律原因问题就是分析火灾是不是导致损害的最近原因。卡多佐认为,火灾并不是导致损害的最近原因。他的理由有两个,第一,火灾与损害之间存在一个遥远的距离,并且通过这个遥远的距离,将火灾与损害联系起来的因素是震荡,造成损害的直接原因是震荡,而不是火。空间因素和震荡阻断了火灾与损害之间法律上的因果关系。第二,卡多佐通过寻求保险双方订立保险合同的目的判断造成损失的最近原因。合同的目的是承保因火灾造成的财产损失,损害需要发生在火灾附近一个"合理的可能的范围内"。从卡多佐多次考虑因果关系中"遥远的距离"、"合理的范围"等空间因素和在本案中卡多佐将合同目的作为判断近因的指导原则,我们发现,卡多佐思考原因问题的视角是一种"向后看"的视角,他的思路是从人们从事活动的目的,从一个理性人可以预见的后果去思考造成事情发生的原因以及阻断因果关系的因素。

第四节　行为的性质和目的

第一篇　出租土地的用途与责任　　1915 年判决①

1911 年 1 月田友房地产公司租借给塞缪尔·杰克逊一个娱乐公园,租期 15 年。公园中包括一个亭子和其他一些设施。公园地处罗克尔维海滩,与街道毗邻,之间有一条步行道约 2000 英尺长。沿着步行道往下走可以进入海滩。在合约中,承租人杰克逊同意,严格按照租约中规定的范围进行经营,他也同意,步行道和街道作为通路保证空旷开放。4 个月之后,1911 年 4 月 22 日。杰克逊将公园转租给他的妻子和两个合作伙伴,租期 10 年。在转租协议中,达成了类似的、关于房产的使用以及保证步行道和街道开放通畅的协议。同一天,次级承租人和杰克逊房地产公司签订租约(塞缪尔·杰克逊是那家公司的总裁,作为其中一个大股东)。1911 年 8 月,公园里举办一个儿童集会。在集会时,一部分步行道被堵塞了。原告,一个小男孩,其中的一个观众,受伤了,因此提起诉讼。被告是杰克逊和杰克逊房地产公司。初审阶段,陪审团裁定被告胜诉,否定了对杰克逊的指控。原告继续上诉。卡多佐作出了判决意见。

---

① William Junkermann, an Infant, by Otto J. Junkermann, His Guardian ad Litem, Appellant, v. Tilyou Realty Company et al. , Defendants, and Samuel Jankelson, Repondent Court of Appeals of New York 213 N. Y. 404; 108 N. E. 190; 1915 N. Y. LEXIS 1461.

　　杰克逊转租的公园,是为了公共的用处,而不是别的什么用处。没有人比杰克逊更充分地预见到这个用处。并且他已经与原出租人订立协议,保证步行道通畅,与转租中次级承包人拟订类似的租约。杰克逊知道,必须保持通道的安全,一方面因为这是公共的通道,而且同时他也从通道的使用中获得了利益,作为地主接受了租金。当他制定租约时他应当知道通道阻塞或者通过合理的检查发现如果通道质量存在问题可能发生的危险情景,如果他明知这些,出现了危险,他就要承担责任。现在证据表明案件不存在欺诈的问题。

　　当建筑被用于公共目的,一个遥遥欲坠的房子将是一个公害。如果出租人知道危险的状况,或者,通过合理的注意本应当知道危险的状况,他就不能排除自己的责任。在为公共目的出租之前,公园的所有者必须尽到全部合理的注意使他的房子是安全的。被告出租了一个看台用于足球比赛,建筑本身的设计是合格的,然而一些木料,在租约达成之前已经腐烂了,被告是否承担责任?卡多佐认为这个案件中的责任规则可以在容克曼案件中适用。危险条件在租约之前就存在了,但是被告通过合理的检查可以发现。在本案中,人行道的塌陷是因为其中一根支撑桩腐烂了。经过事后检查,发现腐烂的木桩一捏就碎了。表明不到五六年,人行道的支撑桩就会全部腐坏。被告实际上有机会去了解人行道的状况。

　　卡多佐说,不仅存在了解的机会,而且有证据表明事实上杰克逊已经知道了人行道腐坏的情况。甚至在他转租之前,已经雇了一个人修理它。但是直到最近雇工们才开始做这个工作。证据表明,不是被告声称的只有一根支撑木腐败,它们中的多数,在转租的那一天之前都已经腐败,这个人行道已经处于毁坏状态。在修缮过程中,有缺陷的木头被移走,重新安上好木头,但是引起事故发生的那一根没有被注意到。但是,证据表明,这根木头本可以像其他那些有问题的木头一样,在检查中被发现,杰克逊知道或本应当知道这个情况。他的义务是阻止危险,阻止出租行道,结果他没能这么做。卡多佐判决推翻原判决。

●这个案件有关租赁法律关系中的第三人的损害赔偿问题。假设,A 将一处房屋租借给 B,B 的朋友 C 来这里玩,因为房屋质量问题受伤,A 对 C 的伤害承担责任吗? 又假设,A 将一处房屋租借给 B,他了解到这处房子是 B 为了举办单位新年茶话会而租下的,在晚会上,单位同事 C 在这里因为房屋质量问题受到伤害,A 对 C 的损害承担责任吗? 普通法的规则是,在一般情形下,地主对其出租的房地产产生的第三人的损害不承担责任,因为承租人按租约享有占有的权利并承担义务。但存在一个例外:公共使用的租赁财产,出租人对受到伤害的第三人承担责任。卡多佐遵循了这个规则,并且进一步发展了出租人对未知第三人承担谨慎义务的理由——出租人可以从财产的使用性质预知对于未知第三方存在的危险,他应当对房屋进行检查。

第二篇　公共服务者的责任 1　　1922 年判决[①]

原告买 F 公司 905 袋豆子,经公共核重员鉴定后向 F 公司

---

① Abraham Glanzer et al. , Copartners under the Trade Name of Glanzer Bros. , Respondents, v. Levi Shepard et al. , Copartners under the Trade Name of Core & Herbert, Appellants Court of Appeals of New York 233 N. Y. 236; 135 N. E. 275; 1922 N. Y. LEXIS 865; 23 A. L. R. 1425.

付款。F公司要求公共核重员鉴定重量后，提交买方一份关于称重信息的材料。1918年7月20日。卖方通知格兰兹和核重员，货物运到了码头上，原告格兰兹接受了7月23日周二的交货。星期二早上，核重员在交货前核准货重，与合同协议一致，于是被告按照出价向原告支付了货款。核重员将重量信息材料分别提交给卖方和买方。这笔交易结束之后，原告试图将豆子转卖，结果发现实际重量比鉴定重量少了11,854磅。格兰兹得知情况之后，对核重员提起了诉讼，要求赔偿1261.26美元。初审法官支持了原告。而上诉分庭认为，原告与被告之间没有合同关系，原告应该向卖方索赔，因此驳回原告的诉讼请求。

案件到了纽约州上诉法院，卡多佐提出了不同看法。他认为，称重员的鉴定是交易达成的重要步骤。虽然被告受命F公司，但是由于他具有的公共服务的性质，得到了买方的信任。称重服务不仅是为F公司的利益，同时也是关系到买方的利益。被告在提供服务时应当具有专业的、谨慎的义务。关于原告和被告之间不存在合同的关系，卡多佐认为，不存在合同关系并不能否认一个公共行业的义务，尽管第三方可能为了自身的利益，为他提供的公共服务买单。公共行业的这个义务不是通过合同确立的，而是行业性质决定的。提供公共服务要求每一个工作人员谨慎认真地做好他的本职工作。先例中，一个外科医生在处理孩子受伤的手臂时因为不够小心，出现了差错，虽然小孩的父亲付了钱，但是医生还是要对小孩负责的。先例还存在这样的规则，某种行为涉及第三方利益，虽然第三方没有付费，仍然要求行为人谨慎小心的义务。比如，一个律师，应客户的要求提供证明材料,对于涉及的第三人信息安全承担责任。证明单位应贷款请求者的要求提供证明材料,应当正确客观,因为他的证明关系到信赖证明信息的第三方的利益。因此卡多佐认为,在本案中,被告的责任,是由于行为性质所决定的义务,并不是一个合同义务,被告的行业,是中立的行业。鉴定重量虽然受他人之令,但却是为特定的目的,他的行为直接关系到另一个人的利益。被告应当具有审慎的义务,不仅是基于命令者,而且也是为了信赖者。卡多佐因此支持了原告。

第三篇　公共服务者的责任2　　1931 年判决[①]

被告是一家公共会计师事务所,负责斯坦恩公司的财务审计,向潜在的贷款人评估和公布有关该公司资产的审计报告。潜在的贷款人根据被告对斯坦恩公司的经济状况的评估,决定是否向斯坦恩公司贷款。根据该事务所的报告,斯坦恩公司的净产值超过一百万美元,并出具了 32 份证明材料。于是,原告向斯坦恩公司贷款 165000 美金。后来斯坦恩公司破产,原告不能够收回早期贷款,于是将会计师事务所告上了法庭。原告举证证明,会计事务所没有仔细地检查斯坦恩公司的账薄,如果他们仔细检查,就会发现账薄的问题,提供更准确的审计报告。在初审阶段,陪审团作出了有利于原告的裁决。初审法官推翻了陪审团的裁决,支持了被告。而上诉分庭推翻了初审判决,判定被告负有过失责任。于是案件到了纽约州上诉法院。

---

① Ultramares Corp. V. Touche, Niven & Co. Court of appeals NewYork, 1931. 225 N. Y. 170, 174 N. E. 441 参见徐爱国:《英美侵权法》,北京大学出版社 2004 年版,第 216 ~ 218 页。

卡多佐认为,首先,根据事务所与斯坦恩之间的合同,他有责任仔细、慎重对他的雇主提供真实的专业的证明文书。其次,会计事务所的工作性质决定,虽然会计事务所与合同的第三人没有合同关系,但是被告也要对其雇主的债权人和投资者承担诚实不欺瞒的义务。因为雇主并不是要将这些证明文件自己留用,而是凭此向债权人和投资者作为资产证明。接下来的问题是,被告的不实陈述对于合同的第三人承受的损失负有什么样

美国哥伦比亚大学法学院

的责任? 原告提出了两个:欺诈和过失。

卡多佐分析说,会计师因其不实审计陈述对债权人和贷款人承担责任,律师因其不实的政府债券或者公司股票陈述要对其投资者承担责任,地契公司因其不实的土地评估对土地竞标者承担责任。这些具有公共服务性质的不实陈述在什么样的情况下被认为是一种欺诈? 什么情况下是一种过失? 判断标准是被告与合同的第三人法律关系的远近。如果双方的关系只是一般的或者抽象的,被告的不实陈述承担过失责任;如果双方的法律关系是具体的特殊的,像本案中事务所与投资人,会计事务所疏于发现账薄里掩藏的虚假信息的行为,承担"欺诈"的责任。就本案而言,不排除会计师承担欺诈责任的可能性,但是并不是绝对的。事务所承担欺诈的责任还需要证明他

们自己都不相信他们所做的审计报告,或者他们的审计工作完全是粗心大意的,任何一种情况,会计事务所的行为都构成了欺诈;相反,如果他们只是诚实地做错了事,那么他们就仅仅承担过失责任。

●我们可以从卡多佐的意见中总结出公共服务性质的不实陈述构成"欺诈"的两个条件,第一,被告提供的具有公共服务性质的行为对合同的第三方有利害关系。第二,服务人的主观状态或者是一种故意或者是一种过失。但是这种过失并不是一个普通的理性人的过失标准,依据一般人的过失标准,被告承担欺诈责任。如果被告的行为符合一个专业标准,但是仍造成了不实陈述的事实,被告的行为就不构成欺诈,只承担过失责任。因为,依据被告的工作性质,他应当负担比一般人更大的注意义务和责任。

第四篇　游泳者还是侵权人?　　1921 年判决[①]

1916 年,哈维·海涅,一个 16 岁少年,和两个同伴去布朗克斯河(美国海船运河)游泳,河岸是被告纽约中心铁路公司的土地,铁路公司的火车通过高压电运行。轨道与河之间,被告安装了防水壁上,防水壁上有一块突出的厚木板,板的一个末端位于被告土地上的一块岩石的下面,并打了钉子钉在防水壁里。钉子之后到岩石下部的板长五英尺,钉子之前的伸向水面的板长 11 英尺,防水壁本身厚度 3.5 英尺。也就是说,有 7.5

---

① Florence Hynes, as Administratrix of the Estate of James H. Hynes, Appellant, v. New York Central Railroad Company, Respondent Court of Appeals of New York 231 N. Y. 229; 131 N. E. 898; 1921 N. Y. LEXIS 630; 17 A. L. R. 803.

英尺的跳板超出了原告财产的界限,延伸到公共水域。木板距离水面有 3 英尺。五年多来,附近的游泳者一直用这块木板作为跳板,铁路公司并没有禁止这种行为。海涅和他的同伴爬上防水壁的木板顶试图跳进水中。其中一个男孩很安全地跳了下去,海涅跟随他到跳板的前端,站稳,准备跳入。突然,一根带电的横木从轨道中倾倒下来,电线打中了海涅,打碎了木板,将海涅猛掷到水中。海涅的妈妈起诉铁路公司,要求损害赔偿。

初审法庭认为,海涅受害时站在那块木板,是被告防水壁的一个固定的附加物,可以看做是被告私有土地的延伸。原告爬上木板,就成为侵入他人土地的人,是违法者。对于在水中的游泳者,被告有责任行使合理的注意,保证轨道和防水壁的安全,使水中的游泳者不被电线触及;但是对于站在跳台上的人,被告没有这个责任,除非是故意伤害。卡多佐提出了不同的意见,他认为,初审法官把木板看做私有土地的延伸。初审法官的视野局限在被告的土地上,却忽视了公共所有的水和空气的空间范围。从板的末端跳下,男孩就成为一个公共水域的游泳者,而不再是初审法官所说的,一个私有土地的侵入者。

卡多佐假设这样一种情形:如果两个男孩在河里游泳,之后停下来到路边休息,一个人站在路边的树下,另一个爬到树上,两个男孩都被垂落的电线致死。按照初审法官的逻辑,被告对其中一个男孩的死亡负有责任而对于另一个没有责任;同样,根据板子在水面之上几英寸还是几英尺,区分被告的责任;根据男孩在地面上靠着这个板子还是他站在板子上,区分被告的责任,卡多佐认为类似这样的区分、这样的逻辑推理是荒谬的。现实生活的权利和义务并不建立在流沙之上。布朗克斯河的游泳者在发生灾难的那天享受的是在公共区域内的活动自由，有权获得合理的保护，有权利获得因被告电线造成的损害赔偿。原告站在木板上相对于他接下来要做的事来说是一个附带的行为，次要的行为。他的主要目的是享受在公共区域游泳。如果海涅在跳板的下面或者旁边也会死。事件发生时，电线没有停留在木板上，而是随着男孩坠落，压倒他跌入水中。如果执著地分析土地所有者的私有权利，不考虑结果如何，把这个定义极端地扩展，极端地要求合乎逻辑，在这个意义上，在跳板末端的跳水者确实是相邻土地的入侵者，然而，在另一个意义上，一个现实主义者更可以接受的是，受害者实际上在一个公共水域行使公共权利。我们认为，被告应当承担在持有具有破坏性的力量时具有的注意和警戒的义务。土地所有者在管理自己事务时应当考虑到邻近的公共道路上行人的安全，这种责任和义务不可以免除。因此卡多佐推翻原判，判被告对原告损失负有义务，应当承担责任。

●本案需要解决的问题是土地所有人的责任问题。根据普通法规则，如果 A 未经 B 的邀请，擅自来到 B 的私有土地，在这里受到了伤害，B 对 A 的伤害不承担责任。卡多佐在论证被告对海涅的死亡承担责任时，并没有否认这个规则，也没有否认把木板看做被告土地的延伸，海涅站在木板上就是侵犯了被告的土地。但是卡多佐认为，如果案件机械地套用这个规则，将海涅的活动局限在被告的土地上，并不能达成这个案件的正义。因为，这些并不是事实全部。卡多佐认为，事实的全部是海涅是一个土地侵入者，但是他更是一个公共水域的游泳者。

卡多佐从海涅行为的目的转变了在初审法官那里海涅的身份。海涅进入被告土地的目的并不是在被告所有地域做什么,而是暂时地通过这里去公共空间活动。根据普通法的另一个规则"使用你自己的财产而不要伤害你的邻居",土地所有者应当保障他的邻居充分享有在其领域活动的安全,因此确认被告对海涅死亡负有责任。

第五篇　吹毛求疵的别墅主人　　1921 年判决①

原告为被告乔治肯特建造一处价值 77,000 美元的别墅,在建造过程中,建筑公司没有严格履行关于管道规格的协议,被告控告原告违约,要求建筑公司赔偿他 348346 美元。这个协议规定,所有的管道必须是雷丁牌标准管道。但是,1915 年3 月肯特得知,其中一些管道不是雷丁牌的,是其他厂家生产的,原告需要重新来做。然而那时,除了暴露出来的很少一些管道,大部分管道已经被包在了墙里,重新换上雷丁牌管道不仅仅是替换,根本意味着一个巨大的工程,意味着彻底毁掉已经完成的工作。建筑公司拒绝改变工程,向房主提起诉讼。证据表明,原告弄错了管道的牌子,既不存在欺诈也不是故意的,是由于原告的次级承包商疏忽了这个细节。雷丁牌管道与其他管道的区别只是制造厂商名字的不同。虽然管道是其他厂商生产的,但质量与雷丁牌一样。并且,它的市场价格和合同上所规定的价格是一样的。在初审判决中,原告的这个证据被

---

① Jacob & Youngs, Incorporated, Respondent, v. George E. Kent, Appellant Court of Appeals of New York 230 N. Y. 239; 129 N. E. 889; 1921 N. Y. LEXIS 828; 23 A. L. R. 1429.

排除了，陪审团支持了被告。上诉分庭推翻了初审判决。

　　卡多佐认为，如果原告在初审过程中提供的这个证据是确认无疑的，那么原告的这个过失相对于整个工程来说是无关紧要的。他区分了两种协议，附随的协议和独立的协议，附随协议是独立协议的伴随条件，可以与主合同的主旨分离，并且这个分离与主旨的实现之间关系不大。判断一个协议是否属于附随的协议，难以依据一个统一的、精确的公式。卡多佐认为可以通过权衡合同所服务的目的，推测缔约双方可能的意图，以区分各种各样复杂的协议形式。一份普通的动产的交易合同，不同于一幢摩天大楼的建筑合同。在本案中，安装雷丁版管道的协议是独立的协议还是附随的协议？卡多佐认为，违背安装管道标准的过错是无心的、微小的，不是实质性的，不影响整栋大楼的价值，这是一个附随的协议。

　　卡多佐认为，如果建筑公司愿意弥补他的过错，不应当对他施加严重的超乎比例的惩罚，否则，过失的代价是巨大的。暴露出来的管道可以按照被告的标准替代，但是对于从地窖到房顶已经与建筑结合一体的管道，原告不可能满足被告的要求。类似的一个案件说，当建筑商完成整个建筑之后，所有者得知转承包商犯了错，地基并不是原先要求的佛蒙特州花岗岩，而是具有同样质量的纽约汉普郡花岗岩。建筑公司因过失付出的代价不是重建，为了一个微不足道的过错拆毁新建的大楼，重修地基，这是不现实的。况且这个微小的过错并不影响大楼使用的价值。在本案中，遵循规则还是满足正义，需要权衡合同双方所要实现的意图。合同解释偏离了协议文字表述的要求，但并不妨碍房主主要意图的实现——"建一所满意的房子"。判决推翻原判。

●合同法其中的一个基本功能是要求和保障人们信守承诺,这一次,卡多佐为什么把正义的天平偏向了违反诺言的一方? 是因为吹毛求疵的房主提出的高昂的赔偿引起了他的反感? 我们不得而知。卡多佐从合同达成的目的出发,指出信守承诺的原则并不是绝对的,瑕疵赔偿不应受到超乎比例的惩罚。

第五节　寻找对价

第一篇　合同条款渗透着义务　　1917 年判决[①]

被告杜夫人是一个时装设计师,服装厂很中意她的品位和风格。由她设计,并以她的名字命名的服装、帽子、饰物等商品很有市场。杜夫人雇佣原告伍德先生帮助销售由她设计的产品,并且承诺伍德先生享有排他性的权利:即可以将杜夫人的名字署在仿照她的风格由其他人设计的产品上;此外,排他的权利还包括独家出售她设计的产品,并且原告有权许可他人出售这些产品。相对于伍德的排他性权利,杜夫人将从原告签订的所有相关合同中获得一半的利润。销售人排他性权利至少可以保有一年,即从 1915 年 4 月 1 日到第二年 4 月 1 日。然而,三个月之后,伍德称杜夫人瞒着他,将署有她名字的衣物、

---

① Otis F. Wood, Appellant, v. Lucy, Lady Duff – Gordon, Respondent Court of Appeals of New York 222 N. Y. 88; 118 N. E. 214; 1917 N. Y. LEXIS 818 .

裙子和帽子等服饰产品的销售权授予了他人,破坏了原先的协议。然而杜夫人辩称,伍德并没有向杜夫人授予的排他性权利作出任何利益交换,她的允诺没有对价,协议缺乏合同成立的要素,伍德不能限制她向别人授予销售权利。初审法官支持了原告,上诉分庭支持了被告。

卡多佐认为,存在对价,伍德的允诺是以适当的方式销售署有被告名字的产品,所以排他性的销售协议是成立的。首先,卡多佐回顾了合同法的历史。他说,法律从原始的形式主义阶段生长起来,形式主义时期要求订立合同时推敲准确的语句,每一个小小的失误都可能导致致命的后果。而现在,合同法已经走出了形式主义的历史阶段。今天,合同中的允诺可能是不充足的,表达可能是存在缺陷的,然而我们应当通盘审查全部的文字记录,文字的整体内容可能暗含双方义务的要求。如果允诺的含义得到了各种详细情况的支持,合同就是成立的。

卡多佐详细分析了在本案中的协议。被告允许原告在一年之内享有排他性(exclusive)的特权。这就表明,至少在一年内,原告是被告唯一的销售代理。而被告至少在一年之内没有权利处置由她设计和署名的产品。单凭这一条,并不意味着一方给予另一方恩惠,协议的其他条款还规定,伍德拥有的经营机构适合销售杜夫人设计的产品。另外,被告的补偿条款写明,原告允诺,他将计算每个月的盈利,包括正品和复制品销售的盈利,对因冠有杜夫人的名字所获得的全部收入,与她平分。如果没有这样的双方的允诺,交易不可能成立。伍德的对价是"努力盈利"的义务,根据双方的意图,合同成立。推翻上诉分庭的裁决。

●本案涉及美国合同法中的一个独特的概念"对价"(Consideration)。一个承诺能否得到执行,一个合同能否成立,取决于对方是否相应的有所付出。也可以说,对价要求合同的实现要达到一种互惠互利的效果。在本案中,杜夫人承诺授予伍德排他性的销售权利,法官需要判断的是,杜夫人从伍德那里获得什么样的回报呢? 整个合同文本没有明确的对价的说明,但是,卡多佐认为,书面协议的字里行间渗透着义务。他从一项一项独立的条款中,寻找双方合同关系建立的可能,这些条款就是合同中的默示条件。合同是双方合意的物化,合同条款把过去的想法固定下来,然而,从这些固定的东西真的可以探寻到当时真正的想法吗? 我们知道,有时候,语言和文字并不能准确地全面地反映内心。一方面是我们在陈述和书写的时候难以找到或者疏于找到与真实想法的准确表达,另一方面,语言和文字本身就具有一定的模糊性。在本案中,卡多佐叙述了合同法的历史。早期的合同法严格通过物化的合意——合同形式判断当事人的意图,然而卡多佐反对这样的做法。如何探寻真意?卡多佐提出,通过合同的整体而非个别条款找到对价的存在。

第二篇 缇丽姨妈的慷慨之债①

本案的原告是一位名叫查理的 8 岁小男孩,被告是他的姊姊缇丽。查理的母亲作为其代理人向法庭要求缇丽清偿由她

---

① Dougherty V. Salt New York Court of Appeals,1919 227 N. Y. 200,125 N. E. 94 参见李响:《美国合同法要义》,中国政法大学出版社 2008 年版,第 53~55 页。

本人签发给查理的一张价值 3000 美元的银行支票。查理的母亲说，因为缇丽非常喜欢查理，所以签发这张支票奖励他。查理的母亲详细叙述了签发支票的过程。那天，缇丽到家里玩，第一次看见查理，她情不自禁地感叹说，多么可爱的一个小男孩。查理妈妈说，是啊，他学习也很好呢，还把成绩单拿给缇丽看。缇丽于是说想要给查理一个奖励。查理母亲说，不会只是说说吧？婶婶说，不是嘴巴上说说，现在就要奖励，要签一张支票送给他。查理的母亲没有表示反对，顺水推舟说，你要是觉得这样做合适，当然可以。缇丽也许没有料到查理母亲的反应，犹豫了一下，还是签了一张银行支票。支票是由查理的母亲准备的，支票的样式是银行印制的标准样式。缇丽临走时说，你真是讨我喜欢，这张支票送给你啦，收好千万别弄丢了，有一天你会发现它是很珍贵的。

诉讼涉及的法律问题是，这张支票是一个赠与还是一个合同？赠与是不可强制执行的，而合同义务必须履行。判断合同的成立关键是发现对价。在本案中，从案件事实和证据中能不能发现对价的存在呢？初审法官指示陪审团，考察承诺双方是否存在对价，陪审团作出了有利于原告的裁决，但是初审法官推翻了陪审团的裁决，驳回原告的起诉。上诉法庭推翻了初审的判决，重新认可了陪审团，理由是银行支票本身可以证明对价的存在。

卡多佐作出了与上诉法官相反的判决。卡多佐否认了上诉法庭从支票的样式和文字当中推断出存在对价的做法，也否认了初审法官指示陪审团判断这个问题的做法。他认为，兑现支票不是清偿债务而是一种赠与，这个事实是很清楚的，无须陪审团的判断。他说，根据原告叙说的来龙去脉，我们从中只能得出一种解释,唯一的一种解释,那张支票代表的其实是一个尚未兑现的赠与,不可强制要求的自愿的承诺。签发这张支票并没有使查理成为婶婶的债权人,婶婶也没有想过把查理作为她的债权人。签发支票意味着慷慨的婶婶承诺赠与恩惠。是否存在对价取决于双方当事人的真实意图,如果双方当事人都没有想过把一样东西当成对价,那么无论这个东西本身能否体现出对价的特征,正如不论本案中这张支票本身是否合乎规格,都不能成为对价。根据本案事实,支票上事先印制好了的样式和文字不能表示它原本应该表示的含义,因为通过证人的描述,可以了解到承诺产生的整个背景。通过他们的叙说,可以发现整个过程和这张支票并没有产生真正的对价。卡多佐最终肯定了初审法官的判决。

●听完了缇丽婶婶和查理妈妈的对话,你会不会有一点惊讶,不论是东方还是西方,人性中总有那么一点相同的东西吧。缇丽婶婶是慷慨、是客套,还是被查理妈妈逼到了墙角骑虎难下。查理妈妈竟然真的向自己的亲戚讨要礼物,竟然真的把这张说笑之间签订的支票递上了法庭,挺不可思议的吧。如果你是法官,你会不会因为讨厌查理妈妈的贪婪而支持缇丽婶婶,或者会不会因为鄙视缇丽婶婶的虚伪而支持查理妈妈?

卡多佐的判决意见中至少涉及四个法律问题。第一,赠与与合同的区别;第二,判断对价存在的依据;第三,案件事实与客观形式在判决中的地位;第四,法官判决与陪审团裁决的关系。首先,对价是英美合同法中最重要的概念。对价的含义是合意双方的利益交换。判断一个合同成立就是要判断当事人之间是否存在利益的交换。卡多佐从案件事实而非支票的形式否认了存在交换利益。这个案件事实是什么呢？就是合同法的本质——当事人的自由意志。如何还原当事人当时的内心想法？在英美法中，判断的标准是一个理性之人的标准，即一个理性之人在当时的环境中可以从其言行中推测出的意思。缇丽婶婶把这张支票送给小查理，只是出于自己喜欢他，并没有要求查理对她的馈赠作出怎样的回报，这是一个赠与，是全凭缇丽自愿，是不可以强制执行的。

关于陪审团与法官的关系。陪审制是英美法中一个独特的制度。法官代表了社会中的精英和法律专家，而陪审团代表了民众和普通人，陪审团设立的初衷是协调政治运作与百姓生活。陪审团和法官对于不同的问题作出判断，我们知道，陪审团依据具有正常思维的社会中等之人的标准判断案件的事实问题，经过科班训练的法官根据陪审团裁定的事实，对案件的法律问题作出判断。这是两个独立的程序。但是这种独立并不是绝对的。陪审团裁定什么样的事实是在法官的指示下进行的，并且从这个案件中，我们也看到，如果法官并不满意陪审团的裁判，也可以将他们的裁决结果予以推翻。

第六节　合同成立的实质要素

第一篇　期待是一种权利吗？　　1921 年判决①

1919 年 4 月 10 日，科恩与毛纺公司订立合同。协议规定，

---

① Heyman Cohen & Sons, Inc., Appellant, v. M. Lurie Woolen Co., Inc., Respondent 232 N. Y. 112; 133 N. E. 370; 1921 N. Y. LEXIS 481.

原告从被告公司购买200件针织品,每件3美元,同年6月1日交付。原告同时享有期权,也就是,原告将来可以从被告那里购买更多的商品。6月1日,两百件针织品交易成功。科恩继续要求被告提供更多的衣物,于是公司另外又向科恩支付了16件,并且声明自己再没有货提供给原告了。事实上,毛纺公司还存有500件。

美国哥伦比亚大学校徽

　　由于预期落空给科恩造成了一定的损失,科恩提起诉讼。本案的法律问题是,科恩和毛纺公司关于科恩对全部服装的期权协议能不能视为一个有执行力的合同。原告认为合同成立的理由是,期权协议规定了科恩的权利和义务,他的权利是对毛纺公司所有货物享有期权,他的义务是以某一价格购买这些货。上诉分庭的判决支持了原告。卡多佐提出了不同的意见,他认为案件事实决定了期权协议并不能建立原被告之间的合同关系。当200件针织品交易成功,AB之间的第一个合同已经完成。AB双方另有协议,A对B的更多货物享有期权,可以购买B的更多商品,而B隐瞒了存货总数,卖给A一小部分。法官需要解决的问题是,期权的协议是一个有效的,有执行力的合同吗?一个合同的成立需要有效的合约和及时的承诺。A的合约是不是一个有效的合约?一个有效的合约关键在于针对性。针对特定的承诺人B,这没有问题,问题在于A的请求没有详尽具体的交易内容:时间、数量和价格。所以卡多佐否定合同成立的第一个理由是,期权不足以成立一个新的合同,期权协议的内容难以充分解释交易的主题、时间和价格,而这些因素对于一份合同的成立来说是至关重要的。他认为,期权协议中关于"确认更多的权利"的意思是,确认最初数量和价格的权利,而这个权利是由毛纺公司赋予的,毛纺公司享有对数量和价格的解释权。期权协议不是一个合同,它为原被告提供的只是一种"选择"。选择,不同于义务和允诺,它是自愿的,可以取消的。被告实际接受了"选择",再次交付了 16 件,他有权利选择卖给原告多少件或者一件都不卖。因此,卡多佐推翻了上诉分庭的判决。

第二篇　有待约定的约定　　1923 年判决[1]

出版社与纸业公司协议每月购买 100 吨的纸。1919 年 9 月到 1920 年 12 月,16 个月一共购买 1600 吨。合同中充分描述了每张纸的尺寸和质量。原告阳光出版社作为买方,在每月的 20 日向雷明顿纸业公司为前月装上船的纸支付货款。1919 年 9 月的出货价格是每 100 磅 3.73 美元,10 月、11 月、12 月,每 100 磅 4 美元。计划之后的 12 个月,纸张的价格和时间长短在进行交易的 15 天前由双方协议。并约定价格不高于加拿大纸张出口公司为大客户提供的新闻用纸的价格(简称 C 价格)。在 1919 年 9 月到 12 月 4 个月的时间,出版社和纸业公司都按要求装载,交付,履行合同。4 个月之后,当需要对新的价格和

---

[1]　The Sun Printing and Publishing Association, Respondent, v. Remington Paper and Power Company, Inc., Appellant Court of Appeals of New York 235 N. Y. 338; 139 N. E. 470; 1923 N. Y. LEXIS 1186.

存续期间达成新的协议时,纸业公司通知出版社原先的协议存在缺陷,拒绝再向出版社提供纸张。原告因此提起诉讼要求赔付损失。

本案的法律问题依然是判断合同是否成立:"AB 双方的前一个合同成功完成之后的 12 个月,双方在进行交易的 15 天前协议纸张的价格和每批货物交易的时间间隔。并规定,价格不高于 C 价格,"这是一个有效的合同吗?卡多佐认为,如果双方表意没有达成一致,合同就是不成立的。这个协议中没有明确两个实质性要素,不是一个有效的合同。他论述说,12 月中期,买方和卖方留下两个问题没有解决。一个问题是受到价格影响的交易间隔。虽然已经协议未来的交易价格的上限是 C 价格,但是协议没有说明关于价格适用的期间。这个月或者今天的关于最大价格的协议不同于下个月或者明天的关于最大价格的协议。按照卖方和买方理解,价格固定在 12 个月(协议所确定的这个时间段),不高于 C 价格,他们并没有明白如果在这个时间段,由于 C 价格的改变,协议的价格也会相应发生变化。原告律师也承认,关于最大价格限制的时间段是未知的。另一个问题是价格。加拿大今天的价格可能低于明天的价格。买主在这个月内按照一个价格履行合同,不可能固定继续按照这个价格在下个月履行。最大价格可能在从一个出货口到另一个出货口的时间里下跌或者上涨。

协议中为什么规定了一个最高的价格标准,却没有交易间隔时间的规定?生意人应该知道,确定交易间隔可以保障交易安全。卡多佐推测,从 1920 年开始,纸张的市场价格上涨,时间因素的重要性显现出来,也许卖主意识到了这一点;协议试图防止价格的下滑，但没有预防交易间隔的变化，也许他们认为后者的变化太偶然太遥远了，疏于考虑。整个事件，是精心谋划还是漫不经心，不得而知。

原告认为，被告没有履行合约义务，从交易的目的和商业惯例来看，存在这样的义务。卡多佐认为，被告有权按照自己的方式做生意。本案的关键问题是，时间协议和价格协议是一个交易合同的实质性要素。当时，原告要求制定一个确定的、详细说明的价格标准是很容易的，但现在双方没有价格标准，也没有关于时间的协议。合同价格随着 C 价格的变化而变化，因此合同不能成立，被告不受合同约束。

第七节　合理的行为观

第一篇　请别随手扔了票根　　1923 年判决①

1920 年 4 月 24 日，原告默里乘坐被告轮船离开纽约。乘船期间，4 月 28 日，默里在甲板上摔破了他的膝盖，他声称是他的脚绊到了被风吹开的帆布帘上的绳索。轮船在 1920 年 5 月 2 日到达南安普顿，默里拄着拐杖支撑着上了岸，乘火车到伦敦。之后从伦敦前往都柏林，在都柏林的医院住了 6 个星期。离开医院，一两个星期后默里回到位于 R 处的家。由于膝盖的伤继续发展，他在 R 处医院治疗了几个月。然后回家休养两个

---

① Luke J. Murray, Respondent, v. The Cunard Steamship Company, Ltd., Appellant Court of Appeals of New York 235 N. Y. 162; 139 N. E. 226; 1923 N. Y. LEXIS 1161; 26 A. L. R. 1371.

星期。看到伤势并没有得到改善,默里重新返回都柏林医院,切除了膝盖的一片骨头,最终在 12 月中旬出院。默里在爱尔兰逗留几个星期之后,1921 年 2 月 8 日,他乘船去了纽约。1921 年 2 月 24 日,没有预先的通知,默里向轮船公司提起诉讼,要求对其损害予以赔偿。

卡多佐首先认定,在船开的前几天,轮船公司发给默里的船票,是默里与轮船公司之间的合同。船票中规定,人身伤害或者财产损失的诉讼期限在终止航行的一年之内。另一个条款规定,财产损失事由需要在下船之后 20 天内通知轮船公司,人身伤害的事由在 40 天之内通知轮船公司。原告并没有遵守船票中的规定。船票抬头附有一行这样的提示,特别提醒乘客注意,阅读合同的条款。卡多佐承认,根据原告的叙述和陪审团对事实的认定,被告对原告所受伤害是存在过错的。也承认,合同免除被告对原告人身伤害的责任是无效的。然而,卡多佐说,书面的通告所规定的,在一定时间内将投诉事由通知公司的要求,是合理的。合同要求在 30 天内告知投诉人身伤害的事由。没有证据证明原告身体上,精神上无法向被告作出这样的通知。时间的限制是合理的正当的,因为他们需要防止乘客可能的欺诈行为。船上的乘客一旦下船就去往不同的地方。如果诉讼期限不作限定,事故的调查取证就很困难。

原告辩称,他并不受到船票条件的限制,因为他没有阅读到这个条款。卡多佐认为,没有阅读相关条款,这个理由并不能支持原告的诉求。依据州法所规定的,由蒸汽船公司签发的特种形式的船票,不仅仅是一个可以乘坐轮船、穿洋越海的象征或者证明,而是一个合同,创制了轮船公司的义务和乘客义务的一个合同。在这种情形中，接受船票的行为就意味着同意这些义务条款。乘客没有阅读这些条款就要承担因此产生的风险。原告本可能在持有船票的几天之内阅读它。他有充足的机会在船上及后来询问乘船条款，如果他认为这些重要的话，他甚至可以作一个备份。然而原告并没有注意到这些情况。接受义务的一方并不能以文件丢失、内容遗忘作为推托自己责任的理由。卡多佐因此推翻了上诉判决。

●回忆一下，当你拿到一张欢乐谷的入场券，你会仔细阅读门票背后的安全须知吗？如果你患有心脏病，却没有注意门票上规定对疾病患者参与某些娱乐设施的警告，因此受到伤害，你认为公园对你的损害承担责任吗？在飞机起飞之前，机舱内播放安全须知的时候，你会认真观看吗？生活处处充满了危险的可能，小心翼翼，保持清醒，并对自己的生活负起责任，恐怕是这篇判决背后卡多佐的生活哲学吧。

第二篇　请留意你身边的人　　1931 年判决①

格林女士在被告的商店里买完东西，站在柜台前等售货员找零。她站在那里等待的时候，看见在她右边有一个机修工和另外两个工人察看一个取款机，机器可能是出了故障。然后她转过身，拿到女店员找给她的零钱。就在她转身的时候，机修工已经跪倒在地上察看机器，他的脚向通道地板伸展开。格林女士以为这个工人还站在原处，结果被他的脚绊倒了。她受伤

---

① Elizabeth S. Greene, Respondent, v. Sibley, Lindsay and Curr Company, Appellant Court of Appeals of New York 257 N. Y. 190; 177 N. E. 416; 1931 N. Y. LEXIS 835.

了,于是把机修工所在的百货公司告上了法庭。原告认为机修工的过失导致了自己的损害,雇主应当对其雇员的过失承担责任。初审判决支持了原告。

卡多佐推翻了初审判决,在本案中,他对原、被告双方的行为和主观状态进行了一番细致的分析和描述,然后从自己的立场提出,在人群中活动的个体应当保持一种什么样的状态是合理的。卡多佐的侵权法判决书渗透着哲学意味,Patterson 教授说,这种哲学不是学术的,而是生活的。在卡多佐的判决书中,我们也会看到卡多佐对法律概念和先例规则进行逻辑上的推理和分析。但是这些推理和分析绝不是形而上的,思辨的,而是为了对眼前的案情是非作一个决断。

卡多佐从两方面论证了被告对原告损害不承担过失责任。一方面,机修工的行为不存在过失。被告注意义务的要求是合情合理的注意。在一个理性人看来,机修工正在做一个普通的简单的行为,这个行为并不是一种持续的妨害,或者潜在的可能的危害。机修工的行为只是几分钟的事,如同顾客掉了他的手袋或是手套然后捡起来。也许,如果他向周围人提示他可能改变姿势,那就更好了,然而在这个忙碌的世界,法律对他的要求,只是要求尽到一般的谨慎,不要求他做到特别的预知。另一方面,原告没有尽到自己的注意义务。正如格林女士所意识到的,机修工在原告的旁边,一直忙着修理出故障的机器。格林没设想就在两分钟功夫,她收了零钱,机修工就不见了;相反,她猜测,他还站在他原来站的位置,"我想绕过他站的地方"。可是,仅仅扫一眼就能知道他有没有还站在原处,看见实际上他是跪下了。卡多佐认为,合理行为观是两个挨着站的人彼此间的责任。机修工没有义务在任何场合预见到每种可能性，而格林女士应当照顾好自己，为自己的安全留意周围情况。仅仅看一眼就可以避免所有的事，而格林女士没有这样做，她只能独自承受伤害。

第三篇 "不洁之手"不能得救 1928 年判决①

　　某天，居住在尼亚加拉城的梅克法蕾小姐在路上绊倒了。事故发生在 12 月下旬一个下午，那时天已经黑了。她从车道走进人行道的时候，她的高跟鞋卡在扇形台阶上，她摔了一跤，她受到了伤害因此提起诉讼。这个台子大约 16 英尺，是一个微微倾斜的下坡，台子上布满空洞，并且粘合物已经溶化。梅克法蕾就住在这附近，她注意到这个台子有一阵子了，虽然没有特别的警惕它。在初审阶段，法官试图运用公害理论解决这个案件。陪审团被告知，如果城市在一种危险的条件下维持人行道现状，这个台子就是一个"侵扰"（nuisance）。陪审团认同了这一点，判决支持了原告。案件到上诉法院，卡多佐提出了不同的看法。

　　首先，卡多佐承认，这个危险的台子是一个"侵扰"，卡多佐分析说，的确存在这个不合理的危险，一个行人不能总是对这个台子保持异乎寻常的警惕：他得时刻测量着他的步态，确信保持一个确定的距离进入人行道，当他发现什么东西别着他的脚根，他会慢慢地停下来。一个谨慎的市政当局应当知道，通

　　① Frances McFarlane, Respondent, v. City of Niagara Falls, Appellant Court of Appeals of New York 247 N. Y. 340；160 N. E. 391；1928 N. Y. LEXIS 1077；57 A. L. R. 1.

过此路将产生难以想象的危险。卡多佐认为,如果存在这样的
危险,持续地带给他人损害,就是一个公害。但是并不是说,只
要认定了"侵扰",就要对原告的损害予以赔偿。卡多佐认为,
存在两种类型的"侵扰"。第一种,举例说,一个人开工厂,日复
一日地散发有害的烟尘,即使他努力地谨慎行事,也要对他的
邻居因这些烟尘受到的侵害承担责任。一个人在高速路上挖
了一个洞,无论他如何谨慎地看护这个洞,也不能免除他对于
因道路妨碍发生交通事故的受害者的过错。行为人的主观状
态在这些类型的公害问题中并不是需要考虑的核心。"侵扰"
的另一种类型,需要考虑行为人是否存在过失。在这种情形
中,行为人从事的活动本身是合法的,但是可能在维护的过程中
被告存在过失,把原本是合法的活动转变成一个公害。比如 A 经
法律允许开办了一个煤矿,这个煤矿是合法的,并没有是一个公
害,但是 A 在煤矿的安全防护方面存在过失,缺乏安全防护的煤矿
转变成一个公害。更为典型的例子是,一条没有得到合理修缮的
高速公路,糟糕的路面状况对于行人来说是一个"侵扰"。

卡多佐认为,两种类型的"侵扰"对于是否考虑到受害人过
失有不同的要求。前一种类型的"侵扰",被告对于原告的损害
承担严格责任。举例说,土地的所有者将有害的气体散播到我
的房子里,并没有要求受害者必须尽到极大的审慎义务,做好
关闭门窗等防护工作,否则不能得到法律救济。而后一种类型
的"侵扰",原告的过失可能成为免除被告责任的理由。这两种
类型的"侵扰"区分是比较困难的,很多案件对"侵扰"理论认
识还很混乱。有这样一个真实的案例,一个人把一辆马车丢在
大街上,法官认为,如果危险危及到公众,大家公认,被告制造

了一个公害；如果危险危及到一个或是几个人，在法律上被认定为过失。主审法官指示陪审团，如果陪审团发现这个意外完全因为受害者的过失或者因为意外，没有人能对受害者的损害承担责任，原告不能获得救济；但是如果受害者的损失是因为被告持续地制造了危险，使这个危险的存在成为造成损害的全部原因或者部分的原因，原告就可以得到救济。卡多佐认为，主审法官的分析是错误的，他的区分存在很多混乱。

卡多佐评述了先例中法官关于公害的分析，认为在"侵扰"问题中是否考虑原告过失存在一种趋势。他分析说，Clifford v. Dam（81 N. Y. 52）是一个行人通过一段高速路受伤的案件，被告制造了一个公害，是活动本身存在不当，不应当考虑原告的过失，但是判决意见却说了太多关于原告过失的问题。初审法官指出，如果原告对于另一方的伤害存在任何过失，无论多么轻微，都不能获得支持。原告在高速路上的活动是合法的，他无法对路面缺陷保持特别的注意，他有权利认为公共高速路对于行人应当是安全的，并且有权按照他的想法这么做。先例的司法意见中还有更多这样的观点。McGuire v. Spence（91 N. Y. 303，305）案件中，路面井盖没有盖好，原告因此受到伤害，要求被告对其损害予以赔偿。判决意见也花了一定的笔墨分析原告是否存在过失问题：一个在路上行走的人有权认为路面是安全的，没有责任去警惕可能发生的危险，也不会存在可以预期的危险。这种观点一直到 McGuire v. Spence 案，在法官判决意见中，要求原告对可能存在的危险负有一定的预期，受害者谨慎义务的标准发生改变。有这样一个案件，一座临时的桥建立在人行道之上，附近是原告工作的大厦。这座桥，虽然经过允许建立,但据说是不安全的,临时的。法官认为,行人在附近行走时,应当具有一定的注意和谨慎。Kelly v. Doody(116 N. Y. 575)是一个由于街道挖掘引起的伤害案件,案件事实与 Clifford v. Dam 相似,但是判决意见没有适用此案的规则。Weston v. City of Troy(139 N. Y. 281)案件适用的规则是,每一个行为人看见危险必须小心注意克服和躲避。如果危险是已知、明显的,行人却没有警惕到这个危险,就不能为自己的过错开脱责任。

因此,卡多佐不认为所有类型的"侵扰"必须适用严格责任,如果危险是如此明显,只要是能够看得见路的行人,没有把眼睛闭上或是只睁开一只眼,都可能看到。可预见的危险必须努力避免,如果危险不可预见,就要调查是否受害者像其他普通人那样使用街道。如果受害者没有注意前进中的障碍,没有具有一个谨慎小心的人通常的那种审慎,他就存在过失,他的过失将使他败诉。Butterfield v. Forrester 是英国的一个很著名的先例,被告在高速路上横放一根竹竿,原告骑着马被竹竿绊倒了,受伤了。被告在高速路上制造了障碍,这是典型的,严格意义的"侵扰",但是法官没有支持原告。Bayley 法官指示陪审团,如果一个人能够看见和避免妨碍,结果却没有这样做,他们应当支持被告。Ellenborough 支持了初审判决,并提出这样一个规则:某人的过失行为并不免除受害者的谨慎注意义务。法官认为,原告骑着马沿街猛烈地前进,他没有具有一个谨慎小心的人通常的审慎,他自己是有过失的。

Muller v. McKesson (73 N. Y. 195, 201) 或 Lynch v. Mc-Nally (73 N. Y. 347),遵循了 Butterfield v. Forrester 的规则。

这些案件的法官将免除被告责任的事由要求原告过错达到一定程度，是极端的行为，不计后果的情形，使受害者的过错足以平衡被告行为招致的伤害，才可以免除被告责任。原告的行为是不计后果的，比如一个喝醉酒的人不能预测他的行为风险，发狂地穿越一条闹市街区。对于这个标准，卡多佐并不认同，正确判断受害者是否存在审慎的注意义务建立在这样一个基本的态度上：使用者的权利是有条件的、相对的。行人如果滥用这个权利就存在过错。为了他人的安全也是为了自己的安全，他必须保持得当的行为。行为人的过失并不必然意味着他放纵行为不考虑结果，而是说他存在与风险成比例的合理警惕的义务。在本案中，原告一直注意到这个台子，它有 16 英尺长。她没有告诉我们当她摔倒时，是否能在在光影之下看见这个台子，她没有说是否看见了，她重点在陈述，她的鞋跟卡在粘合物上，她摔倒在地面上。受害人本人是存在过错的。初审法官在指示陪审团方面存在错误。卡多佐推翻了原判。

●在这个案件中，卡多佐细致入微地分析了普通法中的两个重要的概念：侵扰和原告过失。以被告从事活动的正当性为标准，卡多佐把侵扰分为两种，如果活动本身是对公众有害，责任问题不考虑被告和受害者的主观状态；如果活动本身没有问题，被告在活动过程中存在过失，判断其过失是否对原告损害负有责任，需要同时考察原告本身是否存在过错。一旦原告自身存在过失，他将为此付出很大的代价，他不能够因被告的过失行为获得任何赔偿。他要么得到，要么一无所有(all or nothing)。因为早期的普通法认为，"不洁之手"(unclean hands) 不能得到法律救济。卡多佐遵循了这个规则，他认为摔伤的梅克法蕾小姐不是第一次走这个台子了,她应当对这个危险有所防范。同时,卡多佐对先例中原告注意标准有所变通,他大大提高了原告注意的程度,所以梅克法蕾小姐只能自认倒霉了。然而侵权法不能漠视那些因为微小过失却承受巨大损失的原告,当代的侵权法,"比较过失"原则取代了"原告过失"原则,通过比较原告和被告过错在整个过错责任中的比例确定责任范围。

第八节　时代和历史

第一篇　城市文明与洪水中的农庄　1914 年 5 月 5 日的判决[①]

案件的原告是一家农场主,案件的被告涉及布法罗市和诸多铁路公司。两条相当大的水流穿越,交汇于布法罗市,他们在洪水猛涨期溢出了现在的河床。原告的位于这座城市的农田被洪水淹没。原告主张,洪水的发生是由于城市改变了街道的级别,破坏了泄洪道。案件在初审阶段,原告获胜,上诉分庭维持了初审判决。卡多佐的意见书彻底推翻之前的判决。

他的理由是:对于布法罗河、卡赞诺维亚河的非法阻碍和对于霍德华小河(一条横穿原告的农场的小溪)的非法阻碍,是两个问题,需要分别考虑。城市有权降低公路等级,因为原告

---

① Gibson Howard et al. , Respondents, v. The City of Buffalo et al. , Appellants Court of Appeals of New York 211 N. Y. 241; 105 N. E. 426; 1914 N. Y. LEXIS 1039.

农场主无法界定先前的水道的边界,随着城市及其周边的发展,这些边界逐渐模糊,农场主甚至也不能证明水道曾经存在过。而且,当城市演进时,泄洪道的变化已经发生了,不再可能区分城市铁路公司的行为和其他干扰原始河道的行为。卡多佐从维持原告主张后果的角度辩解,涉及用水权的法律并非固定不变的先例。它以不同地区的不同需要为转移。卡

法律女神

多佐所考察的事实,是由证据展现的有关事件的整体。从而证实受到威胁的不只是原告的农场。初审法院的判决直接威胁到城市开发。所以卡多佐的平衡和正义偏向了被告人及其代表的城市开发。

农场主认为,这场劫难的罪魁祸首是布法罗市铁路公司建筑的高架桥,这些桥造成了河道的非法妨碍。卡多佐对此详细地分析了铁路公司建筑的高架桥存在的地理状况和历史。布法罗河大约有55~60英里长。它从西而来弯弯曲曲贯通布法罗市,流入伊利湖。距离河口6.5英里,与卡赞诺维亚河交汇。卡赞诺维亚河大约26英里长,从西北方向而来,在市内与布法罗河交汇。距离卡赞诺维亚河1英里处是原告的农场,虽然与河的距离比较远,但仍然没有躲过洪水的侵袭。河道上游,接

连建造了一座座铁路高架桥。第一座桥是密歇根南方铁路公司的高架桥,然后是宾夕法尼亚铁路公司的桥,纽约、芝加哥、圣路易斯铁路公司,布法罗克里克铁路公司,通过筑堤将伊利湖和布法罗市相连接。而罗切斯特和皮特博格铁路高架桥、莱卡王娜桥、阿伯特公路桥、主要由布法罗市建立。这些由铁路公司和市政建筑的桥可以追溯到非常遥远的时代。最早的桥建于 1852 年,最近的建于 1882 年。当桥建成之后,存留了一条条筑堤。密歇根南方铁路公司和伊利湖岸的筑堤相距桥有 5100 英尺,宾西法尼亚铁路公司和纽约,芝加哥铁路公司的筑堤,圣路易斯铁路公司的筑堤距桥有 4000 英尺。布法罗克里克铁路公司,伊利湖筑堤距桥 2800 英尺,这些筑堤保存了很多年。原告认为这些筑堤与架桥之间的通路破坏了泄洪道是导致洪灾的一大原因。1888 年,为了创造更坚固的驻防,密歇根铁路公司填充了筑堤和架桥之间的通路,在筑堤和架桥之间再没有通路和其他的开口。从 1892 年到 1906,其他一些铁路公司陆陆续续地也做了同样的事。实际上,这些筑堤并没有侵占普通的河道。河道还在它正常的路线。桥墩对河水的正常流动也没有任何影响,桥墩的尺度和构造上不存在任何问题。然而原告主张,筑堤虽然没有占据河道,却占据了开导洪水的河道——泄洪道。泄洪道可以在汛期扩展到越过普通的河岸。由于筑堤引起的开导洪水的河道受到阻塞,导致桥阻挡了洪水的出口。原告认为,正是因为筑堤和高架桥之间的通路被填充,妨碍了洪水的出路,洪水漫延到阿伯特公路、霍普金斯附近的街道、布法罗南部地区、直到到达原告的农场。

原告的主张,重建的阿伯特公路是造成损害的第二个原因,也是最主要的原因。卡多佐为此考察了阿伯特桥存在的历史和现状。40多年前,某个公司建造了阿伯特桥,这个桥跨越布法罗河连接阿伯特高速公路。高速公路的路线大约与卡赞诺尼亚河的流向相同,从那里,公路从河的西南方距离河岸几百英尺处运行,穿越南部和北部通过阿伯特桥,并与卢卡王娜桥相交。阿伯特桥现在的桥墩一直还在,只有上部结构能够改变。然而,阿伯特路与桥不同,已经被重建,新建的路基高于相邻土地。这种升高完全是人为的,是通过挖掘两边沟渠各地面的水闸垫高的。而且它的高度也不是统一的。公路建筑方式是为了公路本身便于排水。另外还增加了人工栅栏。1890年,布法罗市获得收费公路公司在阿伯特路的所有权利。从那以后到1892年,它关闭了沟渠和水闸。降低了公路高度,与相邻土地高度相同。这个举措是由于布法罗市政委员会与德拉华,拉克王娜西部铁路公司达成的关于废除在那一地区公路分级的协议决定的。收费公司的公路因为高低不平,被降级。自从阿伯特公路被布法罗市降级,布法罗河、卡赞诺尼亚河穿越阿伯特公路及邻近的街道,泛滥到了原告的土地。而以前(1893年前),原告从没有遭受到来源于此的洪害。原告认为问题发生正是在于布法罗市改变了公路的高度,阿伯特公路先前高于临近的土地,曾经是一个人工的屏障。

对于原告这两个主张,卡多佐分析说,原告陈述的这些变化并不是改变河的面貌的唯一的原因。河流整体面貌的变化是由于其他许多人共同的行为。要公正地认定原告的诉求,必须描述这些变化。布法罗河周而复始的、在春季和秋季泛滥的洪灾促使河岸土地所有者保护他们的土地。由于城市生活的扩张,保护措施不断加强。需要由个人主动承担的,得到了公共援助。1891 年颁布的法令、公告,宣布布法罗市存在的铁路高架桥是受到法律许可的建筑,经城市授权从河口到南线拓宽筑堤,除印第安人聚集地保留。改良的路线比被告的桥覆盖的部分更广大。改良筑堤的工程发生在许多年前,远早于洪水发生。除了市政,土地所有者在等候城市的保护的同时,努力保护他们自己的财产。在北方和东方河岸,他们建立大坝和堤防,切断了那一边的洪水。除了这些保护措施,还可以列举一串长长的清单,在被告的桥跨越的这些地区,已经建立起大量的工厂、住所和其他覆盖河岸的市政建设。结果表明,从前穿越北部和东部河岸的洪水,现在已经退回去了,被迫寻找到其他出口,要么从正常的河道,要么从南部和西部河岸。大量的水被挤压回去,不仅是因为被告铁路高架桥重修的筑堤,而且还由于在北部和东部的城市建筑。卡多佐指出,如果以拉卡王娜为首的高架桥都被重修,一些重要的工厂就会被损害和淹没。在北部和东部发生的问题同样会发生在南部和西部,在这一边,已经建立了工厂,填充了土地,树立起堤坝。几乎在南岸的每一点,拉卡王娜桥所跨越的地区,都树立起大量的钢铁工厂和坚固的堤防,河岸南部的改善措施,使河岸南部地区得以迅速地发展。在过去的 17 年,大量的街区和房舍建立起来,在河岸两边,经常发洪水的土地已经成为城市的一部分:工厂、商店、住宅、街道和其他城市生活所意味的一切。恢复从前的社会环境,让洪水在这些重要的地区泛滥当然是不可想象的。如果城市的某些部分仍然遭受洪水,必须存在补救措施。这种补救不是为保护他者利益而破坏现状。

接着卡多佐论述了市政府和铁路公司举措的成文法根据。1906 年相关法律规定，由于布法罗河与卡赞诺尼娜河的周期性泛滥，为减轻这个公害，布法罗市政有权拓宽、伸直、扩大、清除妨碍物，挖掘、打深在布法罗河和卡拉王娜河岸的筑堤，改变河道，建设新的水道。同样有权创造其他有利于布法罗河航行的条件。法律同样规定，对于任何铁路为减轻洪灾，可以新建或改变布法罗河道，公司拥有和运行铁路应当建立或重建，维修跨越河的高架桥使用自己的费用。1906 年 10 月布法罗市政委员会由政府授权，扩展和矫正了河流要求河道充足的尺度运载，而不至于溢出。法庭发现，这个计划中的工作能够减轻和防止洪灾。在诉讼进行中，法庭发现，市政的工作已经进行了两年，并且还有两年就可以完工了。铁路公司已经重建和正在重建他们的大桥以符合加深河道的规划。因此，通过妥协，判决应当给予维持还是推翻，原告所承受的洪灾可能很快就要结束了。判决主要的问题在于确立对过去损失的责任。然而，如果维持先例，就意味着被告对其他遭受类似损失的土地所有者同样承担责任。同样有可能建立一条规则，运用到其他的城市，影响城市生活的发展。于是卡多佐说，这种情况告诫我们，必须小心下结论，以免为保护原告而对抗一个已经正在消失的危险，我们引发了可以预见的其他恶果。

卡多佐分析了初审法官支持农场主的理由。初审法官所发现的事实是，布法罗河和卡赞诺尼亚河有三类通道、浅水域通道，齐岸的通道和开导洪水的通道（泄洪道）。泄洪道从 500 英尺到 1500 英尺不等。布法罗河，卡赞诺尼亚河洪水不是太猛烈，泄洪道都可以承受。河流发生汛情每年两次，秋冬和春季。

在 1888 年之前,易受水灾地区的洪水因为泄洪道的存在,除了特别的雨季,突发的大量的融雪,都可以保证洪水不会溢出。在这种情况下,在被告受到责难的时候,一般的洪水没有淹没阿伯特公路布法罗河岸,霍普金斯的街道,漫延到原告的土地。铁路公司的筑堤变化成为泄洪道的障碍,将水回流。布法罗市对于这个结果所做的工作,是关闭阿伯特公路的沟渠和水闸,但同时阿伯特公路降低了高度。水因此淤积在原告的土地上。因此,初审法院颁布一个禁止令,命令铁路公司改变堤防,提供充足的开口——允许 25,000 立方水以每秒 4.5 英尺的速度流动的开口——从公路和桥下流出。并且命令布法罗市政重建穿越阿伯特公路的泄洪道,达到在变化发生前所存在的状态。上述事件发生后六年内,这个命令一直被悬置。原告在租金贬值中的损失,以及四年悬而未决的损失到达了 5500 美元。卡多佐说,初审法官的司法意见中所回顾的事实,就像洪水,被夸张了。

卡多佐认为,除非深刻地理解河与岸的地形面貌,我们面前的法律问题才可能被解决。铁路因授权建了一座桥,即使妨碍了河床——除非通过适当的注意妨碍能够避免——并不承担责任,成文法有规定,它的义务是使水流动的妨碍最小(故意的或者过失加重损害的行为可以被控诉)。这个规则比较简单的应用是适用在自然河岸的范围,比较复杂的运用是除了自然的河岸,在铁路公司自己拥有的土地上。在这个案件中,铁路公司的义务是为溢出的水提供一个出口,流过自己的土地。卡多佐根据水漫延的自然状态区分了地表水和洪水:是不规则的、分散流动的,还是按照确定的水道,平行或几乎平行于正常河道。而阻碍表面水不产生责任问题。卡多佐列举了关于这个责任存在的几个先例。在O'Connell v. East Tenn 案中，如被告律师陈述的，在汛期从河中溢出的水是表面水，而不是普通法所说，一个人为保护自己不顾及由此对邻人产生的后果。这个判断依赖于一个地区的地形和水域相关的位置，如果洪水变成一股主要的水流，脱离原河流漫延到地势低的地区，它就成为表面水。但是，如果它形成一个连续的实体，流入正常的河道，或者它脱离河道不久返回，它将被视为河流的一部分。同样在Cairo, V. & C. Ry. Co. v. Brevoort 中，如果存在一个自然的水道，它的存在为了把一般汛期的水排入河道，这个道就是泄洪道。如果进入泄洪道，水流就不能被看做是表层水。在纽约州，法律关于泄洪道没有明确的规定。卡多佐总结说，第一类，筑堤切断了漫延的表层水，这些表层水不知从哪儿来，他们的聚集也不规律，侵入邻近的土地。第二类它切断了洪水，即早先存续在他们自己的通道内，存续在自身的统一状态中。在第一类型中，被告的妨碍是合法的，第二类，是不合法的。

卡多佐继续论述说，河流生命的连续性，作为一条河而不是分散的水域，成为判断妨碍责任的标准。初审法官运用了这个区分，他发现，布法罗河在正常河岸之外，存在一个确切的开导洪水的通道，宽幅在 500 英尺到 1500 英尺之间。汛期洪水从这里流出，穿越泄洪道，但是被铁路公司不当建立的筑堤阻挡，这些筑堤最初建立时伴有通路。在这一点上的发现似乎存在矛盾。因为泄洪道最大宽幅达到 1500 英尺，然而，距离这些河最近的任何一座高架桥，它的距离是 2800 英尺，超越了泄洪道的限度。如果是这样，筑堤于这个限制是可靠的，20 年以来没有改变,维持它的权利已经可以判定,但是卡多佐怀疑,复杂的书面记录总是与所发现的事实相矛盾,他表示不应再理会这些记录。即使管路包含在这 1500 英尺的地带,他认为,也并不存在被告所肯定的泄洪道。

　　卡多佐说,原告没有成功地说明泄洪道的范围,如果它重新存在的话,即使它最初的边界是确定的,但是到了今天随着城市在河岸的发展,它们已经变得模糊了。曾经在乡村地区适用的规则,已经不能再公正地运用到新的不同于自然状态的社会条件中。原告证人的确表示对于布法罗河存在一条明确的泄洪道的确信,然而他们不能够详细的说明。他们指出了一个小的空间,在北边存在的 100 多英尺的宽幅,他们以为,他们感觉到在现有河道之外存在外部河岸的标记。除此,再没有其他的可以指出这种河道的限制。他们承认,今天可以去做的,是研究轮廓的测量,试图猜想水曾经的流向,他们没有研究调查,也没有探索河道的踪迹。可能研究土地的等高线能证明洪水而不是遵循的确定的路线,法律也没有确切说明这一点。原告不能成功证明泄洪道的存在在铁路公司高架桥的位置。他们也不能证明布法罗市改变了水流的方向。关于阿伯特公路,这个公路不是自然的屏障,是人工的,是由邻近的土堆起来的,距离正常的河道大约几百英尺。城市改变了一些公路的等级,但是没有哪一公路降级到相邻土地以下。只要没有改变自然的高度,统一等级就是正当的。

　　卡多佐总结说,布法罗市在过去时代的泄洪道,即使如果必须假定确切的范围曾经存在,现在已经没有了。河岸,一个新的城市,房舍和工厂,建立在相邻的土地上,这些建筑覆盖的地区包含泄洪道,即使曾经存在,被被告土地占据,这些房舍和工厂和铁路公司同样妨碍了河流,阻挡了漫延的水,这是变化进程中自然发生的事。这些变化是既成事实,他们不能被拆解破坏。运用到农村的关于阻塞水流的规则不能严格适用到人口众多的、布满工厂和房舍的城市。关于水源的法律先例并不是僵死的。它需要随着不同时空不同需求而发生改变。没有哪一个法庭通过发布禁令毁坏城市的一大片重要区域,只是因为建立它限制了某些古老的泄洪道。法律不能命令这些房舍和工厂迁移,命令被告拆掉他们的堤防而不改变其他的邻居,将是一个不公正的裁决。而且,移除堤防这一特别的举动,某些相邻的建筑,现在是安全的,以后会遭受水灾。这个负担,可能导致如果从原告那里移除,也将转移到其他人。而且这种举措也难以确保真的使原告的土地受益。在其他地区,漫长的诉讼将带来危险。通过规则确定被告的义务是徒劳的。复杂的情况太多难以拆解开。原告的一位证人,C 先生,是一个拥有丰富阅历的建筑师,当被问及除了拓宽河道,对于阿伯特公路的情况还有哪些工作可以补救时,他说,只有毁掉沿岸的这些建筑和房舍。他也承认,这当然是荒谬的。一个公平的判决应当是理性和正义的。从这个荒谬的认识中,一个教训产生了。这个教训是,时间已经过去,所有这些侵犯的结果都有迹可循,他人的不当不能由被告承担,在自然状态下的水道的规则不能再使用到人为状态下的水道。

因此,原始的泄洪道的障碍由被告行为引发,但不能在今天和其他人的行为割裂开。卡多佐说,将尽快地结束洪灾,目前这个工作在公共权威指导下进行。交互的、微妙的力量引起了混乱,模糊了过去时代的条件;依靠制定法,提供了一个救济的要求。霍华德河流的妨碍仍然存在,铁路公司从西部穿越霍华德农场,他们的铁道建立在稳固的筑堤之上,截断了霍华德河流,将大量的水堵塞在农场中。被告否认霍华德河流现在是一个活的水流,它的水流无疑大量的转移,但是有证据表明,它没有丧失一条河流的特性。铁路从前为这条溪提供了开口,这个开口能够用很少的钱得以恢复。铁路公司有义务把这个开口恢复。卡多佐作出判决,之前的判决被推翻,要求重新审理。

●我们重新整理一下卡多佐作出判决的思路。这篇判决书的分析有两个导向,一个是案件事实,另一个是判决效果。针对遭受水灾的农场主主张的两个原因——铁路公司的高架桥堵塞了泄洪道和作为天然屏障的阿伯特公路被市政当局降低了高度,卡多佐从三个角度去论证高架桥和公路降低等级的合理性,一是时间上的合理性,它们产生和演进的历史;二个是空间上的合理性,它们存在的地理状况和对河道的影响;第三,铁路公司和市政当局的行为得到了成文法的授权。但是,这些因素的合理存在能不能够完全开脱他们对于农场主土地的损害责任呢?我们可以从卡多佐的判决意见中发现三个充分支持被告的理由。第一,河道的变化并不是被告一方造成的,是城市发展的客观结果,农场主不能够指出泄洪道的确切位置,怎么能够指责被告行为侵犯了泄洪道呢?第二,铁路因授权建了一座桥,它的义务是使水流的妨碍最小,如果故意或者过失加重损害,他就要承担责任。问题是,铁路公司有没有过失,加重河水泛滥?卡多佐认为,铁路公司没有这样的过错。他区分了表层水和洪水。前者,被告的妨碍是合法的,后者,是不合法的。

卡多佐的区分并不是空想得来,而是从先例中发现的,这个区分免除了铁路公司责任,却没有绕过或者否定传统的普通法规则。"在汛期从河中溢出的水是表面水,而不是普通法所说,一个人为保护他自己不顾及由此对邻人产生的后果。"第三,卡多佐论述了发布禁令和赔偿原告可能造成的严重后果。对于现有的城市建设来说,这样的判决是一种灾难,对于被告可能面临的类似农场主的大量的潜在原告来说,同样是一个灾难。判决造成的社会效果成为卡多佐思考合理裁决的一个重要因素。

第二篇　南安普顿的归属　　1931 年判决①

这是一个有关土地所有权的案件。郝克斯转让给比尔士一块土地,但是比尔士发现,他不能完全地占有这块土地,因为名叫坎贝尔的人实际占有这块土地,用做简易的机场和仓库。比尔士于是提起诉讼,而土地的占有人主张,根据 1782 年的地产划分,他享有此地的所有权;比尔士则主张根据 1882 年的土地转让书,他对这块土地享有实际的全部的所有权。初审法院和上诉分庭的判决支持了比尔士。理由是:殖民地时期的一部法律已经使 1782 年的那次土地转让无效。卡多佐详细考证了殖民地时期的法律情况,他认为,判决 1782 年的那部殖民地法案是存在问题的,土地的实际归属情况应当依据殖民地时期的惯例和习俗。因此,卡多佐维护了 1782 年的那次土地分配,1782 年的那次分配南安普顿萨科夫镇号码为 31,32,33,34,35 的土

---

① Henry N. Beers, Respondent, v. Henry G. Hotchkiss et al., Respondents, and Hilaire E. Campbell et al., Appellants Court of Appeals of New York 256 N. Y. 41; 175 N. E. 506; 1931 N. Y. LEXIS 1023.

地最后一次由乡镇当局分割,买卖。卡多佐认为,土地的实际占有人坎贝尔继续享有对南安普顿的所有权。

卡多佐追溯了这块土地的历史。早在 1647 年,南安普顿的居民捐资,购买土地建设新的社区。出资者被认为是土地的所有者,或者至少对土地享有公平的利益。在乡镇会议上,这块土地被分为 40 块。后来土地再被进一步地划分、买卖。南安普顿的存在最初并没有得到皇室许可,"那里的居民是霍布斯,洛克思想的实践者"。至此,土地的所有权是归属于一个公共的社团。纳南普顿的民众大会作为土地的托管人,分配土地。投票选出某人指导土地分配,记录土地的地理状况,将分配内容通知所有的经营者,土地的分割和买卖分别发生在 1738 年、1739 年、1763 年、1748 和 1782。1782 年是最后一分割,包括这个案件涉及的 31 和 35 号土地,接受土地分配的人名和他们可得的利益在共同的社团那里存有记录。但是这次的分配程序存在瑕疵,因为有关土地的调查和绘制没有进入记录,相对于其他的完整的分配记录,卡多佐认为,必须要注意到记录的一贯做法。调查和绘制土地状况会保证土地分配的安全。然而,以往的法庭特别在意这个记录的瑕疵,默许它的效力,持续了 150 年。而比尔士一方声称之后的 1676 年的反欺诈法否定了这次土地财产转让的效力。

1664 年,查尔斯二世将这块土地授给他的兄长约克公爵,命令他按照国王所发布的法律、命令、条例、风俗习惯统治那里的居民,对于其中可能出现的问题,可以根据他的代理人合理判断。代理人的法令、命令和行动不能与英国领域一般做法相违背。1665 年 3 月 1 日公爵发布的,土地转让必须通过立契转让的形式，附文规定这一条不被扩展到赠予的情形，个人的或者城镇居民共同的赠予。这个限制条款规定得很宽泛，所以排除了关于土地分配的限制。随后的法律，1683 和 1684，通过殖民地联合组织（General Assembly of the Colony），确认了转让登记可以证明财产转让的有效性。1683 年 10 月，纽约城市的第一次联合会议、规定，超过规定数额的每一个不动产让与都应当被登记，对于登记形式没有作出规定。联合组织的这些规定得到了当时地区长官托马斯·道格的认可。1686 年，詹姆斯二世授权约克公爵，统治这个省。约克公爵废止和撤销作为自由宪章和为 1683 年殖民地联合采用的某些法律，宣布王室意志决定其他一切法律，任何抵触都被废止。应诉者比尔士认为，这个指令影响了 1683 年和 1684 年关于不动产转让的法律效力。恰恰相反，卡多佐认为早期的 Van Winkle v. Constantine 的司法意见还是受到 1863 年法律的指导，承认了一个已婚妇女的不动产转让。卡多佐继续论述了光荣革命之后，1691 年殖民地联合相应发生的一系列政治事件和通过的决议，他认为这些政治事件并没有改变 1683 年 1684 年法案条款存在的效力，不动产转让登记的副本仍然成为法庭上的合法证据。因此司法实践根植于古老的习惯，是考古式的。

然而应诉者坚持，不管殖民地 1683 年和 1684 年的法律是不是有效力，1676 年英国国会制订，1677 年 7 月 24 日生效同时也适用于纽约地区的反欺诈法，使得 1782 年的土地分配无效。卡多佐反欺诈法的效力是一个未决的问题。他举出了一系列英国和殖民地反欺诈法相矛盾的情形，认为知道 1787 年纽约州议会通过自己的法律，1676 年的反欺诈法的效力都是不确定的。1774年,当英国的反欺诈法在纽约获得承认作为法律,卡多佐认为,这个法律并没有与土地分配的习惯产生任何矛盾,立法者实际允许了这个例外的存在,习惯和立法之间没有抵触,习惯坚持了一个世纪,甚至更长的时间,在这段时间,土地分配覆盖了更大的范围,通过土地分配获得的土地权利得到充分的承认。卡多佐说,最终的裁判是习惯。学说不可能超越经验建立它自己。为了获得法律,我们必须努力挖掘那些殖民地时期的习惯。卡多佐说,我们赞成古代分配转让的方法,经过百年的实践和传统,它被视为神圣。

1881年,法律规定未被分配的土地属于纳南普顿共同体的托管人。1882年12月7日,托管人转让出河岸下游土地的所有权。比尔士依据这一年的土地转让书主张权利,卡多佐说根据1818年法案对托管人管理违背分配土地的职责,很难相信1818年,托管人授权卖掉土地时,那些土地是没有分配的。那些时候,许多所有者知道1782年的分配习惯仍然还在。他们通过持续的占有确定他们的所有权。如果要求他们出卖土地权利是不公平的也是没用的。卡多佐说,1818年法案的目的不是要处理这些古老的分配以及建立在其上的权利,相反,是保障它们的安全和平静。立法承认古老的转让形式,确认那些形式作为权利独立的来源。上诉分庭的判决被推翻。

第九节　法律与人情

第一篇　唯利是图付出的代价　　1928 年判决①

1902 年 4 月 10 日,路易莎·M.格里将位于纽约市 42 街第五大道西北角的布里斯托尔旅馆租借给沃尔特·J.萨尔蒙,租期是 20 年,1902 年 5 月 1 日生效,1922 年 4 月 30 日到期。萨尔蒙与梅哈德共同投资将旅馆改建为商店和办公室再出租出去,花费 200,000 美元。约定:梅哈德付给萨尔蒙二分之一的改造费;萨尔蒙与梅哈德共同投资,但他同时也是经理。萨尔蒙前 5 年付给梅哈德纯利润的 40%,之后付 50%,如果亏本,彼此平摊。在合作的前些年,重建的大楼运营亏本。不久,大楼开始盈利,萨尔蒙和梅哈德都获得了丰厚的回报。

当租期要到的时候,埃尔布里奇·T.格里(孙)成为大楼的继承人,他拥有附近其他的许多房产。一处房产临近第五大道的布里斯托尔大楼,另外四块地在 42 街。新的继承人计划将他全部的土地长期租借给一个人,并且他打算把这个大楼拆掉,另建一座。1921 年,他向几个资本家和商人提出了这个计划,但是商谈不顺利。1922 年 1 月,当萨尔蒙签订的租约还有不到 4 个月到期时,新继承人与萨尔蒙联系,商议萨尔蒙与中央房地产公司签订一个新的租约,萨尔蒙租用格里五处地产 20

---

① Morton H. Meinhard, Respondent, v. Walter J. Salmon et al., Appellants Court of Appeals of New York 249 N.Y. 458; 164 N.E. 545; 1928 N.Y. LEXIS 830; 62 A.L.R. 1.

年,根据双方意愿可以续约,延续 8 年。对已存在的大楼保持原貌,可以继续存在 7 年。之后在这块地上新建一座造价 3,000,000 美元的新楼。新租约的租金低于布里斯托尔的租金,仅 55,000 美元,由萨尔蒙个人抵押担保,直到新大楼完成全部付清。1922 年 2 月 25 号,新租约的签字和交接。所有这些,萨尔蒙都没有告诉梅哈德。无论萨尔蒙的动机是什么,他本应当与梅哈德进行沟通。但事实是,梅哈德没有被告知这个项目的存在。当梅哈德知道这件事之后,要求维持投资。这个要求被萨尔蒙拒绝。于是梅哈德提起诉讼。判决支持原告,但是将原告投资利益限制在总额的 25%。到上诉院,法官修正了这个限制,将原告的利益扩大 50%,同时扩展了原告的责任。被告提起了诉讼。

卡多佐认为,合作投资关系存续期间最重要的是彼此信赖。日常世界中可能被允许的一些做法,在信托关系中可能会被禁止。一个保管人应当遵循比在其他场景中更加严格的道德标准。不止是诚实,还有信誉,受信托人的行为标准高于一般人。这是一个传统。法官对此不应妥协,不应降低这个标准。新的继承人格里先生,寻找一位租客乐意实践他的雄心,计划受阻后,他寻找到占据布里斯托尔的被告萨尔蒙。萨尔蒙为他自己的利益签订了租约。事实上,他的签订行为应当是作为一个受托人,是为他和另一位投资人共同分享的利益。然而,萨尔蒙在合伙人面前保持沉默,他本应当告诉梅哈德先生这个计划,确保彼此可能公平的竞争。卡多佐说,如果他这么做了,我们就不会讨论他是否承担责任的问题。萨尔蒙的过错在于他没有告知并与他的合伙人协商,排斥了合伙人共同竞争的机会,独享了这个商机,很难说梅哈德没有竞争力。虽然萨尔蒙作为地产经营者,可能更优于作为毛纺商人的梅哈德,但是,梅哈德可能提出更好的条件,或者提高他的出价,或者与其他有钱人联合,或许他可以劝说出租人以更高的租金单独出租布里斯托尔。所有这些机会都由于萨尔蒙的过错失去了。在临近期满,梅哈德从对方的沉默自然假想,如果不出意外,可能出租人愿意扩展期限,但是不可能想到出租人会这么做。而作为一个托管人,萨尔蒙有机会作出安排,他得到了利益,应当向另一方发出通知。

卡多佐说,萨尔蒙有意识地欺瞒并不绝对是有罪的。很可能他以为共同的投资要到期了,他可以无视他的合伙人开始他自己的事业。他已经投入了时间、劳力和金钱,并获得了成功。而梅哈德虽然投入了钱,但是没有投入劳力和时间,梅哈德已经得到了丰厚的回报,如果坚持主张新契约的收益有某种贪婪的意味。在合伙反目之后,如此的诘责并不是不正常的。萨尔蒙把他自己放在了这样的位置上,以为他与梅哈德是断绝了关系的。然而,这个关系很难断绝。原告主张,1917 年他与妻子签署了一个财产转让的协议,他所有的利益全部转让给他的妻子,因此这个转让协议意味着与哈梅德共同投资关系的结束。合伙法规定,在合伙存续期间,不能授权财产以干扰经营管理合伙关系,或者得到任何合伙关系交易的数据,或视察合伙账簿,但仅仅授权受让人得到关于合同的利益。卡多佐认为,1917 年财产转让并不意味着其中的一个投资方将他们的事业宣告解散,不论行为还是语言,没有任何一方表明选择共同投资事业的结束。梅哈德继续提供资金,萨尔蒙负责经营,共同维持着相互的权利和义务。

　　因此卡多佐认为,萨尔蒙不只是一个共同投资者,他还是一个管理共同投资者。对于他和其他像他这样的人,需要专一的、忠诚无私的品格。由于经营给萨尔蒙带来了机会,如果这个机会是萨尔蒙得到了格里的建议,租借了另一块土地的大楼,他就有可能独自享有这个特权。但是在本案中,新的租约是旧租约的延长和扩展。负责经营一方秘密地续租并扩大了原租约,这就要受到谴责。卡多佐作出最终判决,同意上诉分庭的裁判,原告可以得到整个租约收益的一半份额。

第二篇　有危险就有营救　　1921 年判决[①]

　　这又是一桩人身伤害的案件。被告国际铁路公司经营布法罗和尼亚加拉之间电动铁路。在这条线路上有一个点,高空中横越纽约中心和伊利湖。当火车爬上一个 25 英尺的缓坡,然后转向左,这个转角大约 60 到 80 度。转弯之后,火车穿过一座桥,桥墩间的距离大约有 158 英尺长。然后再以同样的角度向右转弯,下坡。在高架桥上,火车连在一起,尾部没有防护。所以当火车转弯时,它是垂悬的。桥上有一条狭窄的小路,两边有保护的栏杆。原告和他的兄弟哈伯特上车坐在车尾。其他一些乘客在月台,通道。月台有一扇门,但是这次列车长没有关闭它。车以每小时 6 ~ 8 英里的速度行驶,在转弯的时候,也没有减速。在接近高架桥的位置,剧烈的倾斜使哈伯特从那

-----

① Arthur Wagner, Appellant, v. International Railway Company, Respondent Court of Appeals of New York 232 N. Y. 176; 133 N. E. 437; 1921 N. Y. LEXIS 490; 19 A. L. R. 1.

扇没有关闭的门甩了出去。"有人掉下去了！"于是车驶过桥，停在下坡的位置。天黑了，原告瓦格纳沿着高架桥走了大约445英尺，一直到达大桥。在那里他想可能会发现他兄弟的尸体。瓦格纳说，列车长曾经询问他去哪里，并且拿了提灯跟随他。这两个陈述列车长都否认了。结果瓦格纳只发现了他兄弟的帽子。天黑了，瓦格纳迷了路，后来晕倒了，身体受到了伤害。要求铁路公司对此作出赔偿。

初审法官判决支持铁路公司，原因在于初审法官指示陪审团，铁路公司承担责任有两个条件，第一，列车长请瓦格纳下车去找他的表弟，第二列车长跟随并给瓦格纳照路。卡多佐认为，初审法官的指示有误。有危险自然就有营救，悲痛的哭嚎正是在召唤救济。法律不能无视行为、思想的自然反应。使生命处于危险的过错同样是对营救者的过错。比如，被告在桥上弄出一个缺口，被告的这个过错对因此掉入水中的小孩负有责任，对跳入河中营救小孩的父母遭受的损失同样负有责任。火车在紧急转弯时没有发布信号，没有关好车门，对于因此被甩出的乘客负有责任，如果营救的风险不是恣意的，是在特种紧急场合中合理产生的，那么对于救援跌落者的第三人同样是负有责任的。铁路公司危及生命的过错是使受害人丧命的过错，对其救助者因此造成的损害亦构成过错。

铁路公司继续申辩，如果要求公司赔偿救援人员的损失，需要确认救助活动属于刻不容缓的应急措施。在被告看来，原告走了大约400多英尺准备营救哈伯特。他有时间反思和权衡。瓦格纳走高架桥是他自己的选择，是打破铁路公司的过失和瓦格纳受伤之间因果关系的原因。被告称原告作出的牺牲是徒劳的。他本应知道,在高架桥下兄弟已经死了。车垂悬,在上面不能找到尸体。他的行为不是紧急事件的反应,而是无用的荒唐的危险。卡多佐认为,在这个案件中,原告在车停后的反应是本能的,他亲眼看见他的亲人和同伴被扔进了黑暗里,他不是去那里看风景。在激情和缺乏了解的情况下,他除了奔出去寻找没有别的选择。然而他不知道他兄弟掉下去的精确的位置。如果是从桥上掉下,尸体被甩出,横跨过轨道可能被挂在高处。对于原告来说这些问题不可能清楚。他在桥上发现一顶帽子,他相信在桥上寻找可能是对的,如果事实是他所设想的,他兄弟的尸体可能在另一辆车的轮子之下。原告的行为并非有勇无谋,他的行为产生在一个充满激情和混乱的时刻。铁路公司的过错和过错所引起的结果之间是完整的。卡多佐推翻了原判。

●这个案件需要解决的问题是,A 的过失行为造成了 B 的伤害,C 去救 B,身体受到伤害,A 对 C 的损害承担责任吗? 根据案件中被告的看法,C 的救援行为是切断铁路公司责任和 C 受伤之间因果关系的中介原因。卡多佐否认了这个看法。首先,对于瓦格纳来说,有危险就有救援,这是人的本能,是自然的反应,而不是选择。对于铁路公司来说,救援者和在救援中造成的损害后果并不是不可预见的,因此他要对这些后果负责。瓦格纳案件将可预见损害后果的责任标准作出了重要的扩展,有学者称之为救援原则。如果救援者并非莽撞行事,他在救援中遭遇的损害应当得到过失方的赔偿。

第三篇　过期保单的损害赔偿　　1934 年判决[①]

　　这是卡多佐在联邦最高法院审理的一个州际商业事务的案件。本案的原告是一位弗吉尼亚州的公民。被告是一家保险公司,原告是这家公司其中一位被保险人的遗产管理人,被保险人名叫库西,已经因病过世。1930 年 5 月 16 日,他与纽约某保险公司签订了一份价值 4500 美元以伤残为赔付条件的人寿保险。

　　保险合同规定,如果被保险人在 60 周岁之前遭遇完全永久性的伤残,只要被保险人向公司提供恰当的证据,已证明自己处于完全且永久性的伤残状况,公司将会在伤残期内,每月付给他 45 美元,并且免于缴纳保费。另外保险合同规定,允许保险人拖欠

（美国联邦最高法院的徽章）

保费,但拖欠时间不能超过 6 个月。缴费记录显示,库西的缴费一直都很准时。然而从 1931 年 8 月到 1931 年 11 月 16 日,库西拖欠了三个月的保费。从 1931 年 12 月 14 日,库西患上了严重的慢性肾炎,陷入了完全且永久性的伤残状况,无法行动,不仅在身体上而且精神也陷入昏迷状态,以至于他根本就无法提前通知保险公司停交保费。1932 年 1 月 20 日,库西死亡。因为长时间拖欠保费,而又没有在规定时间内通知保险公

---

　　① Mutual Life Ins. Co. of New York V. JohnsonSupreme Court of the United States, 1934 293 U. S. 335,55 S. Ct. 154,79 L. Ed. 398 参见李响:《美国合同法要义》,中国政法大学出版社 2008 年版,第 454~456 页。

司。因此被保险人不能享受到保险单上所承诺的免交保费的收益。事后,保险公司以这一点作为抗辩理由,由于被保险人未能在规定时间内通知,长时间欠费使他的保险单过期失效了。联邦地区法官支持了保险公司,后来这个判决被联邦第四巡回法院推翻。案件到了联邦最高法院,卡多佐作为多数意见代表撰写了司法意见。

卡多佐认为,对于被告来说,保险单上的免予保费的承诺是有条件的,如果原告的做法没有满足这个条件,保险公司不会履行这个承诺。神志不清不能作为未能提前告知欠费的理由和未能提交伤残证明的理由,也不能作为拖欠保费的理由。原告承认,保险合同的确附带一个要给予提前通知的条件,但法院必须对这个要求进行灵活的宽泛的解释。原告认为这个程序要求只是一个形式,况且没有通知是无法通知,保险公司不应该强人所难。卡多佐说,法官们对于原被告的理由各有认同。而他认为,保险公司应当受到保险合同的约束。他分析说,合同应当遵照弗吉尼亚州的法律予以解释,因为合同是在那里缔结的。弗吉尼亚州最高法院曾在 Swann V. Atlantic Life Ins. Co. 一案里对保险单所具有的含义和产生的义务进行了详细阐释。那个案件中的保险单与本案大致相同,弗州最高法院在那个案件中确立的规则是,被保险人由于精神和身体的临时障碍,可以免除提前通知保险公司的义务。如果在保险单有效期,被保险人遭遇残伤,他应有权获得保费豁免,如果伤残一直延续到其死亡,保费豁免也应延到那时为止。卡多佐说,被保险人已经为享受此种收益付出了代价,在这种情况下,如果由于身体及精神上的障碍无法向保险提供相应证据,进而丧失了享受保险收益的权利,法律未免也过于冷酷和不近人情。因此卡多佐作出了维持原判的判决。

●本案涉及到合同法中的两个问题,第一,合同的承诺和条件。在本案中,保险公司向被保险人作出了两个承诺,第一,免除被保险人的保费。第二,每月给予被保险人一定的补助。但是承诺伴随着两个条件,其一,被保险人应当按规定交纳保费,如果欠费应在规定期限内通知。其二,在保险合同有效期间遭遇伤残,并提供证明。在英美合同法中,如果对方履行合同义务不能完全按条件履行,另一方有权利解除自己的合同义务。卡多佐并没有遵循这样的规则,他遵循了另外的规则。这就涉及到合同法中的第二个问题,合同的解释。卡多佐超越了保险合同的文本,寻找到两个支持原告的理由,先例和善意解释原则。

第四篇　无可复原和获得赔偿的断指　1916 年 12 月 28 日判决①

同样是一桩人身伤害的诉讼。原告是被告经营的肉店的店员。店员主要负责卖肉,如果有顾客要求,他也负责把肉切碎。切肉的机器是电动的,顶部有一个漏斗,4 英寸高,上端的直径大概 4.5 英寸,底部的直径 2.5 或 3 英寸,底部是可以转动的螺旋刀。当肉倒进漏斗,奥科诺用一个木棒将肉推到底

---

① William D. O'Connor, by Honora O'Connor, His Guardian ad Litem, Respondent, v. Richard Webber, Jr., et al., Copartners under the Firm Name of Richard Webber, Appellants Court of Appeals of New York 219 N. Y. 439; 114 N. E. 799; 1916 N. Y. LEXIS 846.

部。这一次,意外发生了。木棒接触螺丝,突然打到了奥科诺的手,由于吃了一惊,他的手滑到了机器里,急速转动的螺旋刀切断了奥科诺的手指。原告的监护人控告店长沃波尔存在过失,理由是,劳工法中规定业主或工厂负责人,应当为其雇工使用机器提供适当的防护装置。被告本应当安装一个防护装置,防止雇员的手接触到螺丝。而且,奥科诺用的那个棒,大约6到8英寸长(本应当底部更宽)。如果存在这些措施,奥科诺的手就不会滑进去了。

卡多佐的判决支持了被告雇主。他认为,支持雇主的判决结果,并没有违反劳工法。劳工法中规定业主或工厂负责人,应当为其雇工使用机器提供适当的防护装置,但是屠户的店并不是一个工厂。这个案件不能适用劳工法。判定被告的责任依据普通法规则。卡多佐认为,被告并没有存在过失。机器是符合标准质量的,符合一般的用途。没有证据表明在肉店有类似的事故发生过,也没有理由相信这种事可能发生。市面上仅仅存在一种这样的机器。而且,这是一家小肉店,不是工厂,对于工厂来说,机器的安全是至关重要的,他们从事的工作要求对机器安全负有更加严格的责任。而被告的工作是卖肉,切肉是附带的事。这样的情形下,被告已经完成了他的义务。他没有成为改造设备的发明家的义务。法律不会强人所难,原告对被告的要求超出了法律所赞同的合理注意的义务。卡多佐推翻了初审判决。

●在今天看来,卡多佐的字字句句对于工伤致残的奥科诺来说是冷酷的,是不公正的。但是,在卡多佐的时代,过错责任原则就是那个时代公正的框架。1850年,著名的布朗诉肯戴尔案件,肖法官确立了过失作为一个独立的责任制度。一个人只要从事的是对社会有益的活动,只要在这过程中尽到了一个理性之人的注意义务,即使原告还是受到了伤害,他对此也不承担责任。这个规则背后的法哲学是,一个人仅仅对自己的行为负责,仅仅对自己行为造成的可以预见的损害承担赔偿的责任。这就是以过错为中心的责任制度所认可的正义。卡多佐的司法创造并没有超越过错责任制度的框架。

第五篇　马车夫之死　　1920 年判决①

1915 年 8 月 21 日晚,马丁开车行驶到公路拐弯处时,与迎面而来的一辆四轮马车发生碰撞,马车上的一对夫妇被甩了出去,马车夫当场死亡,他的妻子受了伤,之后将马丁告上了法庭。原告的理由是,被告没有靠右开车,导致了事故的发生。而被告辩称,因为当时汽车行驶在弯道上,而且马车夫驾车时没有亮灯,突然从黑暗中出现,使他躲闪不及。证据显示被告当时没有超速驾驶,汽车本身也没有任何机械故障。在初审阶段,陪审团裁判被告对事故负有过失责任,原告没有过错。上诉分庭推翻了这一判决,命令发回重审。在上诉法院卡多佐支持了被告马丁,并提出了他的理由。

首先,原告没有亮灯的行为是不是过失? 卡多佐认为,马车夫并非没有责任。马车在夜晚行使时没有亮灯就是车夫的过失,并且违反了制定法。原告自己也承认,马车夫的确违反

---

① Martin V. Herzog Court of Appeals of New York,1920 228 N. Y. 164,126 N. E. 814. 参见李响:《美国侵权法原理及案例研究》,中国政法大学出版社 2004 年版,第 243 ~ 245.

了要求亮灯的有关法律。本州《公路法》规定,为已确保公路上的其他旅客的人身安全,法律要求车辆在晚间行使时一定要亮灯。因此公路法的宗旨是为了保护像被告一样的公路上的其他旅客的安全。无论是有意还是无意地忽略了法律为保护他人的利益而特别设置的一些安全措施,就是未能尽到一个生活在有组织社会中的人所必须承担的谨慎行为的义务。法官在指示陪审团认定原告是否存在过失的问题上存在错误。因为没有开灯本身就违反了制定法,不需要陪审团作出判断。而初审法官却指示陪审,按照他们各自的看法认定,原告没有开灯驾车究竟有责任的还是无所谓。事实上,陪审团们没有免除被告成文法义务的权力。卡多佐说,马车夜晚行驶不开灯本身就是过失,而且不存在推卸责任的借口。

　　第二,原告的过失与事故后果之间有没有法律上的因果关系?卡多佐说,行为上存在过失并不意味着一定对后果承担过失责任,除非过失行为是导致事故发生的直接的、主要的原因。要求原告对其没有开灯的过失行为承担责任的条件是,没有开灯是造成事故的一个主要原因。案件事实是,缺乏灯光的警示与最终车祸发生之间是存在因果关系的。事故发生在太阳下山一个小时之后,马车行驶在茫茫黑暗之中。正因如此,被告驾驶的汽车未能看见。除此之外,我们没有发现任何中断这种因果联系的因素。因此,原告没开灯的过失是造成这场事故的主要原因之一。另外,有证据表明被告马丁没有严格地靠右行驶也是一种过失。卡多佐否认了马丁的过失与事故后果之间的因果关系。马丁不是故意撞上马车的,他没有酒后驾车,更没有在公路上超速,以上这几种通常的交通事故的诱因都是不存在的。车祸完全是因为被告没有及时看见迎面而来的马车。如果当时马车夫遵守法律把灯打开，被告就会避让，悲剧就会避免。原告如果否认没有开灯警示和事故后果之间的因果关系，她应当提供证据证明，公路上其他车辆的灯光或路灯不能完全起到和自己开灯一样的照明及警示效果，证明在被告没有靠右行驶情况下，即使开了灯事故也会发生。原告对此没能提供具有说服力的证据。

卡多佐总结说，初审阶段，陪审团支持在事故中丧生的马车夫也许是出于对受害者的同情，但是他们的决定是缺乏原则的。这种同情式的判断是错误的。我们必须尊重法律，旨在保护他们生命安全的法律不能被视为一纸空文。支持上诉法院的意见，支持被告。

●你认为，扶弱济贫就是伸张正义吗？如果你是法官，你会因为同情因公致残的奥科诺和被汽车撞死的马车夫而作出法律判决吗？怜悯之心与法律公正是相冲突的吗？我们已经明白卡多佐时代的正义的内涵，明白卡多佐时代关于原告过失的侵权法规则，然而面对那些可怜的被告，他们的手断了，他们的亲人没了，根据法律的规定和推理他们无法得到补偿，这是值得我们尊敬和追求的法律吗？弗莱彻、爱泼斯坦、霍维茨等当代学者开始反思自工业革命以来过错责任的道德问题和社会问题，形成了有关侵权法的道德哲学，侵权法的政治哲学的理论学说。[1] 霍维茨认为,过错责任是工业革命的产物,是为新兴资本家的发迹开辟道路的工具。过错责任的基础不是源于自然法的永恒原则,不是为个案伸张正义的规则体系,而是为了开脱在技术革命中雇主、资本家、有钱人的责任,促进资本主义经济的发展,而社会发展的代价就是农民、消费者以及其他弱势群体的利益。[2]

美国联邦最高法院

---

[1] 根据徐爱国教授的观点,美国侵权法理论研究可以划分为三个流派:侵权法的政治学、侵权法的经济学、侵权法的道德理论。侵权法的政治学主要观点认为,判决是政治的结果,法律是换了一件外套的政治,是政治利益分赃。侵权法的经济学主要观点认为,法律是成本利益的分配,表面上是规则的运作,实际是实践财富最大化的工具。侵权法的问题就是经济的问题。侵权法的道德理论认为,侵权人受到处罚承担赔偿责任的原因在于他的行为具有一种道德上的可谴责性。

[2] 霍维茨认为,18世纪以前的法律是"保护性的,管制性的,父爱性的,是社会最为重要的道德的表达",但是现在,"法律逐渐被认为是用以实现个人欲望的工具,它反映的仅仅是现存的经济和政治权力组织的工具"。

弗莱彻用交互性风险理论论证了类似原告获赔的理由。根据弗莱彻的交互性风险理论，马车夫和轿车司机之间是一种非交互性的风险关系，一辆轿车在公路上产生的危险远大于一辆马车产生的危险，汽车司机应当对事故后果承担更大的责任。爱泼斯坦把原告获赔的理由追溯到亚里士多德的矫正正义。他认为，有所失就有所得，这是正义。当事人 A 与 B 之间是一种算术意义上的平等关系，C 代表因为 B 的侵犯造成的 A 的损失，如果用公式表示，这个过程就是：

损害发生之前的状态 A = B

损害之后发生的状态 A − C < B + C

正义的实现 A − C + C = B + C − C

第十节　宪法

第一篇　立法机关执业许可的合宪性　1926 年判决[①]

亚历山大是一个经纪人，帮助朱莉安娜达成了一桩出售不动产的生意，但因佣金问题与朱莉安娜产生纠纷，于是将朱莉安娜告上了法庭。被告朱莉安娜承认雇佣和服务的事实，但是辩称，根据成文法，经纪人亚历山大没有执业许可。原告亚历山大的执业许可有效期到 1923 年 9 月 30 日。但是一直到 1923 年 10 月 26 日，亚历山大都没有更新执照。所以，1923 年

① Alexander Roman, Appellant, v. Juliana Lobe, Respondent Court of Appeals of New York 243 N. Y. 51；152 N. E. 461；1926 N. Y. LEXIS 720；50 A. L. R. 1329.

10 月 16 日,当购买者获得不动产,诉讼开始,原告亚历山大是没有执业许可证明的。

根据 1922 年制定的不动产法,不动产经纪人必须拿到执业执照,否则不允许做生意。1923 年和 1924 年法律对这一条款有所修正。1923 年的修正要求,申请者必须是纽约州的一位公民,或者宣称他有这样的意愿成为一个这样的公民。1924 年修正要求,申请者具有一定的英语语言水平,对于法律行为效果和目的的一定的理解力,这些行为包括立契转让、抵押、土地销售合同、租赁、委托人和代理商之间的权利义务等等。执照的有效期至每年 9 月 30 日,执照到期之后需要申请者主动更新,并支付一定的费用。之前的判决支持了朱莉安娜,上诉院需要解决的问题是,立法机关要求原告亚历山大执业时持有有效的执照是否违反宪法。

卡多佐认为,立法机关拥有宽泛的权力判断和决定一个经纪人是否诚实或者在资力上是否能胜任,从而禁止他的交易行为。他陈述了两个理由,首先,该法的目的是为了维护公共交易的安全。不动产经纪人的执业活动关系到市场所有贸易者的信心,执业申请面向所有人,善良的人和邪恶的人,必须通过这样的措施防范通过隐蔽勾结获取违法所得的行为。卡多佐说,利益的诱惑是如此的具有侵略性,交易本质和现实证明了这个规则存在的必要性。经纪人没能忠诚地履行委托事务可能缘于无知也可能因为欺诈。所以他应当具有相当的理解力,理解委托人和代理商之间的义务。正如成文法所表述的,他应当知道立契转让、租赁、抵押等交易活动的意义;向买主或者委托人报告关于可能出现的问题;预备合同的备忘书等文书工作。经纪人由于本身的执业性质得到信赖,而不是经验、物质或者个性的因素。许多州的立法机构、对于经纪人执业活动可能产生的邪恶保持警惕。其次,在美国其他州,类似的规定是普遍的,并且得到了各州法庭的承认。加州、田纳西州、肯塔基州、维吉尼亚州、新泽西州、路易斯安那州、爱达荷州、伊利诺斯州、密歇根州、蒙大纳州、俄勒冈州、威斯康星州和怀俄明州的立法都有关于经纪人能力的要求。各州立法如此普遍的要求以及相关规定的上升趋势都表明,法庭支持立法机关对于经纪人资格认定的成文法规定。不仅如此,一系列案件承认了立法机关对有价证券经销商、保险经纪人、农产品经纪人的资格认证的权力。因此,卡多佐认为,原告并没有受到法律的区别对待,他的麻烦是他自己造成的。他本可以在执照期满之后申请更新。立法机关对于审批不动产经纪人的合法权力,有权要求申请人每年更新许可证。卡多佐判决维持原判。

第二篇　立法机关获知医药成分的合宪性　1918 年判决书[①]

纽约市卫生委员制定的卫生法案第 116 和 117 款规定,在纽约市出售的药品,除了医生所开的处方药,应当向卫生部门登记每一种药品的成分、名称、治疗效果和生理上的显著反应。所登记的药品信息将被视为机密,除了官方卫生部门档案的管理人,不向公众或任何个人公开。相关管理人员得到了法律的

---

① E. Fougera & Company, Incorporated, Respondent, v. The City of New York et al. , Appellants Court of Appeals of New York 224 N. Y. 269; 120 N. E. 642; 1918 N. Y. LEXIS 879; 1 A. L. R. 1467.

授权,可以察看相关记录。药品信息必须存一份复件归档。药品广告应当与该药品的信息相符合。法律严禁贴错误标签,严禁药品参假,否则在刑事上触犯轻罪,并处以 50 美元的民事处罚。

原告从事进口销售大宗的和零售的私人专有药品。他们家的大部分药品的信息都按规定向卫生部门作了登记。但是其中有一些药品,原告作为独家的进口商和美国唯一的发行商,当法令公布的时候,这些大宗的药品已经上架。原告不知道也不能确定这些药品的成分,因为成分秘密掌控在国外的制造商那里。原告认为,卫生法案对于药品登记的规定侵犯了自己的宪法权利,是无效的。即使卫生法案没有侵犯药商的宪法权利,这样的规定也不能够适用到已经上架的那部分药品。

卡多佐认为,公共目的决定了该法是有效的。虽然药品登记法律效力不需征得药商的意见,但是这并不意味着权力的运行是武断的。因为药品成分管制的法律规定是为了一个合法的公共目的。判决不应该仅仅考虑法令对于现有药铺的影响,而应该考虑到政府控制医药行业的未来的效果。首先,规范的主要内容是向卫生部门报告药品成分,报告是强制性的,否则受到处罚;法律规范的目的在于保障公众的健康安全,官员对于揭露医药行业的真相,预防或者处罚欺诈的销售或者有害化合物的行为是必要的。正如在 *Savage v. Jones*(*supra*)案中确定的政府对于食品安全的管制,对于食物如此,对于药品的管制同样如此。通过向公共官员披露相关的信息,通过法律规范保护公共卫生安全。其次,根据法律规范所要达成的合理的目的,契约自由和立法机关调控权并不存在实际的冲突。法律并没有强迫一个从事药品经销的商人暴露自己的商机，而仅仅是要求通报他将来可能交易的安全情况。他自己可以对购买哪些安全药品作出选择。而且，信息披露必须存在授权，它的目的同样也在于公开地对政府权力的限制，记录药品的信息是为了保护这些信息。

另一个问题是，药品管制的法律规定没有违反宪法，但它是否有权强制没收原告的库存药物？卡多佐认为，这正是该规定的一个缺点。在该法生效之前，经销商进口了大量的药品，他不知道药品的成分，无法向卫生部门登记。外国的制造商也不会将这些药品的成分披露出来。结果，按照这个法律，经销商的这些药品要被全部强制没收。一方面是绝对的禁令，另一方面是不可能的履行状况。如果成分是可知的，经销商拒绝陈述；如果在法令生效之后他购买了这些货物，适用这个规定是没有问题的。但是药商发现自己并不属于这些情况。卡多佐说，没有预告，不能预知，就不存在过错。并且他所购买的这种药品从常年的使用情况来看，可以推测是合法的。没有预告和过错，就面临丧失财产权利的困境，这种困境可能对于许多其他的药商同样存在。卫生部门的法令不能禁止现有的药铺的所有交易，但是该法并没有如此的限制。它像打击那些非法交易一样，打击了合法的交易。卫生委员会是一个地方政府的附属的代理机构，它被授权拥有宽泛的规范权力，但是这个规范权力并不是破坏力。所以该法应当作出修正。它涉及到所有销售商，应当作出区分或者制定豁免理由，溯及既往的法律规定应当被排除。卡多佐判决维持原判。

第三篇 强制检疫隔离的合宪性 1928 年判决①

本案的原告是罗马镇奥奈达乡村(纽约州印第安人聚集的村落)的畜牧者和乳牛厂主,他因为违反纽约市政制定的法令受到处罚,这个法是1925年的农业市场委员会根据农业与市场法制定的法令,制止自此以后的违反该法令的行为。被告认为该法令是违法的,无效的。农业与市场法的76部分在1924年修订之前确立的条款规定,委员会可以命令任何患有传染病的牲畜或置身传染病环境中以及委员会相信此牲畜患有传染病或置身于传染病的危险范围内,将强制该牲畜检疫、隔离,委员会可以命令任何存在疾病的农场或者近期可能继续存在的农场接受强制的检疫和隔离。委员会将指挥受到感染的动物、人、财产按照他们所认为的必要的、有利的方式通过检疫隔离预防疾病的蔓延。1924年修正和补充了这个法令:无论何时,在任何城镇,百分之九十的牲畜必须接受结核菌素测试,任何没有经过测试的牲畜如果拒绝或者无视测试,委员会可以命令强制对其检疫隔离,保证其他牲畜和农产品远离疾病的传染。

法令规定通过两种方式发现家畜的肺结核传染病:一个是生理检查,例如视觉和触觉的检查,这是一个不太确定的方式;另一个是所谓的结核菌素测试。前者,物理的检查是强制性的,何时检查听从委员会的命令。后一个,结核菌素的测试要求家畜所有者和检查者双向的合作。根据法令的第78条,委

---

① The People of the State of New York, Respondent, v. Chris Teuscher, Appellant Court of Appeals of New York 248 N. Y. 454; 162 N. E. 484; 1928 N. Y. LEXIS 1286.

员会可以通过液体的形态或者其他方面,对奶产品和奶牛进行体格和物理性检查。如果通过这样的检查,委员会认为某个牲畜感染了肺结核,将立即把它从兽群中拉走,屠宰或者按照委员会所意图采用的方式处理。根据该法第 79 条款,牲畜所有者可以申请委员通过结核菌素测试的方式或者其他他所赞同的测试,检测奶制品。通过这个规定可以看出,一方面,委员会可以对任何没有通过测试的动物屠杀或者严格地隔离,另一方面所有者应当配合,如果发现患有疾病的动物,所有者应当同意,遵循委员会的指示,预防其他牲畜受到感染,查禁和预防疾病的传播。

在罗马镇奥奈达村,根据所有者申请,百分之九十的牲畜,共 3500 头,接受了结核菌素的测试,测试结果有 1600 头患有结核症状将被屠宰。被告尤斯彻有 12 头牛拒绝接受测试。于是,委员会根据 76 条款,命令 1925 年 10 月 10 日,被告的农场和未经测试的牲畜强制隔离,不允许牲畜和奶产品离开隔离区,命令公布后立即生效。被告抗议命令的合法性,拒绝遵循。他违反该规定,将隔离区中的牛奶出售给马西山、奥瑞斯堪尼、纽约一带的奶品收购站。他认为他没有义务遵循这个命令,因为委员会的命令是违宪的。这个法令违反了他的宪法所保障的交易自由和所有权利,这个法令同时也是对于他和其他人法律的平等保护的一个否定。在他看来,命令强制隔离的标准是任意的,有偏见的。这个法令客观的效果有利于法令效力之外的其他地区某些人,而损害了像他这样的另一些人。根据法令第 40 条,尤斯彻的违法行为将处罚款 200 美元,根据第 30 条将对其发布禁令。尤斯彻拒绝执行。委员会因此提起诉讼。

上诉分庭的判决支持了原告。卡多佐提出了不同的判决意见。

首先,法令的地方性是否违反了法律的平等保护?卡多佐认为,法令的目的是使城镇避免不健康的牲畜的危害,并没有武断地偏向某些地区某些人。应当承认,在法律的某些细节还存在漏洞:经过检测的罗马镇的牲畜和奶制品可以排除有害病菌,但是带有病菌的牛奶可能从那些没有经过测试的城镇带来,在罗马镇上销售。通过这个法令,不能完全净化镇子的肉类和奶制品供给来源。但是至少当地的牲畜和奶制品是良好的,从这个地区购买的奶制品和牲畜可以确保是安全的。如果分级的标准不是完全武断的,规范的适用是统一的、普遍的,通过检测对这些商品进行分级就是合法的。卡多佐引用 Adams v. City of Milwaukee(228 U. S. 572),除非经过结核菌素的测试,否则法令有权禁止外来奶制品的销售。如果立法的目的都是为了保障食品安全,法律不因对各地奶制品适用不同的规则而丧失效力。并且经验表明,以州为单位执行某方案是一种有效执行方式。

第二,法令以申请检疫的所有者比例作为对所有牲畜所有者施行的根据是否违反法律的平等保护?卡多佐列举了其他州类似法规的适用情况。在爱荷华州,1923 年通过的法案规定,在乡镇地区,如果有百分之五十一的牲畜所有者提出请求,签署检验协议,委员会可以对所有的牲畜及农产品进行检测。1924 年法令作出修改,将签署协议的所有者扩大到百分之七十五。此后,每一个所有者必须使他的牲畜接受检验,养护符合肺结核检测标准的牲畜。这个法令受到爱荷华州最高法院的支持。乡镇地区的检疫计划,通过一定比例所有者的参与得到施行。这个方法同样被内布拉斯加州、新泽西州、佛蒙特州、加利福尼亚州、伊利诺斯州等等采用。成文法在各州的规定和实行表明了地方合作的原则，地方立法机关与公民合作实现法令效力的趋势。立法机关引导所有者自己选择和申请检疫的方式，并不是任意地强制地对待他们的私有财产，而是善意地、安全地。通过地方老百姓自己的选择，在何种时间，何种地点，他们可以更好地决定自己的需要和利益。整体中的百分之九十统一测试，另外百分之十不愿意遵守，对他们实行强制的检疫隔离是正当有效的，法令以申请比例施行地条件，并不意味着把多数所有者意愿强加给少数人。那些相邻牧场的不愿意妥协，不同意整体的少数人，将使感染的危险变大，强制措施不是否定法律的平等保护，而是为了更好地保护公共的健康。各地方根据地方情况，对这个规范作出适当修改也是合理的。如果一个或者少数人自以为是，将使所有人的努力付之东流。

卡多佐说，法律作为一项社会工程，通过社会合作，寻求整体的利益。合作可以凝聚群体。尤其在处理农业问题上，地域的分散、广阔，缺乏凝聚力，但是通过立法措施结合在一起，将产生新的能量。在牲畜检疫法中，我们已经看到了这种合作的努力。在最近几年来，我们看到了权力和权利的合作在这个州和其他州的进展。多数所有者同意达成的利益不仅仅是自私或者某个团体的，对于接受或是不接受的所有者都是有利的，法令的保护的范围是公共的利益，维护的是公共的健康。在罗马镇，百分之九十的牲畜所有者认为，受到被告抵制的测试是有益的。其他州立法肯定了他们的判断，国会法案也持有相同的观点。而被告说，测试是没有价值的。宪法不能按照他所主张的保护他,而反对占如此多数的判断。他拒绝该法的理由是站不住脚的。卡多佐判决维持原判。

第四篇 公共工程拒绝外国劳工的合宪性 1915 年 判决①

被告是纽约市的一个承包商。他为建造下水道的水池与城市订立契约。在工作期间,他雇佣的劳工不完全是美国公民,其中一个雇工是意大利人,而且其他劳工的国籍还不确定。因为雇佣了这些外国人,他被指控违反了纽约州劳工法 14 款。这部分规定:各州或者市政当局公共工程的建造,或者个人与州或者市政当局订立公共工程的建设合同,只应当雇佣美国公民,并且纽约州的公民享有优先权。公共工程的建造合同全部附带这样的规定,如果没有遵守劳工法关于雇工国籍的规定,合同无效。履行公共工程合同期间,所有承包人的名字和地址要求登记入档;每一个承包人应当保存关于雇员信息的名单,这些信息包括此雇员是否后来加入国籍还是美国本土公民,对于加入国籍的雇员,应当写明入籍日期和授予国籍的法庭。此名单和记录接受劳工委员会委员检查。违反了此条将处 50 美元至 500 美元的罚款,或者关押 30 天至 90 天,罚金和拘留可同时判处。上诉分庭认为,这个法令违反了州和联邦宪法。它未经正当的法律程序,剥夺了外国人在从事公共工程方面的工作自由,否认了他们为公共工程劳动的权利。同时,这个条款

---

① The People of the State of New York, Appellant, v. Clarence A. Crane, Respondent Court of Appeals of New York 214 N. Y. 154; 108 N. E. 427; 1915 N. Y. LEXIS 1222.

否定了被排除在公共工程之外的外国人在法律上的平等保护。被告并不是在被排除的外国人。然而，他雇佣了被该法排除的外国劳工，他被指控违反了劳工法，他的行为构成犯罪。

卡多佐需要解决的问题是，在公共工程中雇拥工人，州政府是否有权优先考虑本州公民而非外国人，这个法令对外国人的区别对待是不是违反了宪法。首先，卡多佐从法律的目的出发，考察这一条款的正当性。卡多佐分析，为什么法律会作出这种区分呢？他的用意是什么呢？可能，本地人对当地政府更加忠诚，更服从管理，从而促进工程的效率。卡多佐否认了这个猜测。开火车、送邮件等公共服务雇佣本地人和雇佣外来人有什么区别呢？尤其许多临时性的服务，体力性的劳动，并不能发现区别对待与工作效率、服务忠诚之间的关联。而且忠诚的精神是可以培育的。但是这些道理与短工开掘下水管道，挖掘地道沟渠的工作，关联是如此得遥远。

卡多佐认为，法律的目的是为了促进本州公民的福利。他分析说，人民被组织成单位，构成了一个州，社会就这样被组织起来，构成一个共同体。州的成员是它的公民，那些不是公民的人，不是州的成员。和类似其他共同体一样，只有其成员才可以签订合同，持有和处理财产。州和政府的钱属于州和政府的人民，不属于外国人。各州的公共政策强调，共同的财产应当用于共同的所有者的利益。政府通过立法指示它的代理人，在建筑公共工程时，希望使自己的财富在自己公民中分配，如果不是本州公民，雇工至少是美国公民。雇主是政府的代理，这些代理与政府签了合同，开销政府的钱，成为人民财政的托管人。代理的权力建立在信任的基础上，必须受到这样的限制,即开销公共财政,应当把钱花在本州公民自己身上。

公民和外国人在分配资源时的区别对待一贯地被法庭和实践认可。慈善制度,如救济乞丐的措施,使用公共水域进行养殖,使用公共土地、林地和其他自然资源,限制外来人持有或者继承不动产的权利等等这些领域的区别对待被认为是正当的。因为州的共有财产属于州的公民,任何财产的分配,本州公民具有优先权。在本案中,公共工程的建造关系公共财政的开销。为了提高本州公民的生活条件,预防他们中可能出现的贫困,缓解贫困,关注那些不能关照到自己的公民,这是公共责任,是现代国家的义务。法律的平等保护并不意味着那些不具有州的共同财产权利的人必须在同样的条件下,分享享有利益的公民同样多的财产。对本州公民的责任并不平等地惠及外来人。比如英国在1908年制定养老保障法,规定由于养老金额有限,英国公民享有优先权。1911年的失业保险法,提出了同样的区别对待。在美国,有关工人和农民生活保障的法律规范都存在同样的意向:帮助本地人改善生活条件是政府职责的一部分。

政府和承包商在否定外来人员工作权利的问题上存在不同吗?卡多佐引用了两个先例,否认了这种区别。根据联邦法院在 Atkin v. Kansas 和 Ellis v. United States 案件中确立的规则,这种区分是无效的。第一个案件认为,堪萨斯州的法令规定,任何公共工程的建设,雇工工作时间一天不得超过八小时。在承包服务合同中,该法令是有效的,应当得到遵守。第二个案件,议会通过类似的法令,调整哥伦比亚地区公共工程的雇佣问题。雇佣合同虽然是独立的,但是不能违反劳动时间的法律规定。虽然通过承包商作为媒介，但是承包人的雇工正在建设政府工程，由政府财政支付报酬。政府、承包商、雇工三方的关系在 People v. Orange County Road Construction Co., Atkin v. Kansas, People ex rel. Cossey v. Grout 案件有类似的陈述，它们都否认了政府和承包商对雇工责任有所区别。可以推断，所有从事公共工程的人，从官员到劳工、承包人和次级承包人，都是为政府服务的。政府拥有合法的权利挑选他的雇员，不论是官方职务还是其他工种。他们被称为政府官员还是雇工并不重要，权力的合法性，取决于事情的实质，不依赖于名称和标签。

并且卡多佐指出，纽约州该法的合法性得到了其他许多州的认同，包括亚利桑那州、爱达荷州、怀俄明州、加利福尼亚州、马塞诸塞州、新泽西州、宾夕法尼亚州、蒙大纳州、内华达州、俄勒冈州和夏威夷岛。然而卡多佐强调，在这个问题上的区别对待并不意味着认同这样的观点：权力可以任意地对人民区别对待，政府可以创制特权阶层。一贯以来，法律否认基于信仰和肤色区别对待，在法庭上，陪审员不能因为信仰或者肤色丧失资格。不能因为肤色和信仰剥夺对政府的服务权利或者受政府雇佣的资格。如果立法机关把 A 和 B 的名字挑出来，宣布这样的公民不应当服务于任何公共的服务。这种做法就是违反了联邦宪法的第 14 条修正案，它武断地否定了公民的法律的平等保护，同样违反了非经法律或者与他同等人的裁决，国家的任何成员不应当被剥夺资格、剥夺任何权利的规定。但是，卡多佐认为，如果为了公共福利和社会进步，区别对待就是正当的。立法机关拥有宽泛的权力，判断区别对待与公共福利之间是否存在关联。在本案中，法律并没有否认外来人可以从事任何私人的交易,而是否认了外来人在受到政治力量控制的行业中工作的权利,在这些行业中,外来人可能分享本州公民的资源。区别对待和公共福利保护之间因为政治权力产生关联。

外来人可以像一般的公民一样自由地使用公共的高速路和其他运输设施。卡多佐认为,这是因为,他的权利从一个州到另一个州发生转移,他的权利只是偶然地经过这里。在文明城市的现代环境里,如果资源的使用对于他的生活来说是自然附带的、偶然的、合理的,政府否认了他们的使用权,这是对法律平等保护的违反。如果使用该资源被认为是一个特权,政府保留给本州公民。接受公共工程的雇佣,卡多佐认为,这是一个特权而不是普通的权利,没有违反宪法。

此外,美国与外国订立了一些条约,其中规定合约双方的公民应当具有的自由权利。包括在国家领土之间旅行的自由;交易的自由,如批发或者零售,租用或者占据房子和仓库,雇佣他们选择的代理人,从事由此产生附带的一些为交易必须的事务,与国家本地人同样的项目;服从所在地的法律。缔约方的公民应当受到缔约方对其人身及财产持久安全保障。该法违反了类似的条约吗?卡多佐认为,这个条约并没有限制州政府的权力。作为一个所有者,他始终有权控制自己工程的建设,分配自己的钱财。宪法规定,由州所有的财富不应当赠与、贷款或者资助任何协会、公司或私人企业。同样,由乡镇、城市、城镇和村庄所有的财富也不能赠与、贷款或资助任何个人、协会、公司或股票所有者,上述单位也不允许负担任何债务。公共工程发给劳动者的钱不是赠与或者贷款,是提供服务的报酬,是合法的。报酬产生的间接的次要的目的,可能会使该地区某些公民免于贫困。而且从长远看来,分配给本州公民的报酬会减轻将来政府的负担。最后卡多佐引述霍姆斯在 Missouri, Kansas & Texas Ry. Co. v. May 案件中的观点说,必须记住,立法机关护卫人民的自由和福利,而且和法庭的功能一样强大。卡多佐推翻了上诉分庭的判决。

第五篇　牛奶限价法的合宪性　　1934 年判决①

上诉人是一个大宗牛奶销售商,他向法庭质疑纽约牛奶管理委员会对于限制牛奶价格的法令违反了联邦宪法第十四修正案。该法规定了销售者向顾客出售牛奶的最低价格,以及销售商向牛奶的生产商最低购买价格。经评定,上诉人的牛奶为 B 等,这个等级牛奶的最低批发价是每夸脱 9 美分。然而该经销商以每夸脱 1 美分的价格卖给顾客,并以每夸脱 5 美分支付给生产者。上诉人违反了最低限价的法律规定,委员会于是吊销了该经销商的执照,并要求支付差额 23,000 美元。本案需要解决的问题是立法机关对于牛奶价格的管制是否违反了契约自由?

首先,卡多佐认为委员会对于牛奶价格的限定并不是上诉人销售可能存在损失的唯一因素。经销商之间的竞争是如此得激烈,上诉人没有出示证据证明,相比其他的牛奶经销商,上诉人是否具有经营的竞争力;也没有证据证明违反限价的销售收益大于他的成本。他也没有证明销售者自行定价可以保障

---

① HEGEMAN FARMS CORP. v. BALDWIN ET AL. No. 27 SUPREME COURT OF THE UNTED STATES 293 U. S. 163;55 S. Ct. 7;79 L. Ed. 259;1934 U. S. LEXIS 14.

消费者的利益,以及有利于牛奶生产者。原告只是向法庭陈述,根据该法,他必须支付给生产者的钱和能够从顾客那里得到的收益不能平衡前期投入,没有盈利空间。卡多佐认为,如果限价对于上诉人不利,但是可以得到其他经销商的认可,他们的经营更有效、更经济,或者更了解公众需求获得了盈利,那么原告没有提供给法庭的这些信息是很重要的。卡多佐分析说,有数据可以表明其他的销售者以同样的价格销售牛奶获得了盈利,他们对限价表示满意,可以以目前的价格提高利润。如果最小价格的规定是在政府权力运作范围内,个别经销商的损失不能完全否定整个限价法。除非法律超过了市场需要,变成暴政——况且上诉人也没有控诉他面对的是这样的情形。上诉人提出的理由是,价格限定违反了十四修正案。卡多佐认为,宪法十四修正案并没有保护个别商业活动免受竞争的风险。

上诉人的困境是,法律满足了公共效益,但是限价法使自己没有获得好处。卡多佐认为,法庭并不评价立法政策偏向或者限制强者的利益。如果政府发布一个命令,弱小的成员发现自己不能保持和强者一样的节奏,这是他们自己的问题,而不是法律的问题。限价法可能会打击一些小的牛奶经销商,但是小生产者可能收益。制造业对于州和国家向来都是重要的。如果在客观效果上有利于强者的法律,制定的依据不是任意的、武断的,法庭支持该法。

●阅读以上几个宪法判决书,我们可以有这样一个普遍的感受,卡多佐解决立法机关制定法律的合宪问题首先考虑的一个因素是法律的目的。考察立法机关制定的法律是不是为了社会大多数人的福利,这是卡多佐认可法律合宪的一个基本前提。在立法机关执业许可的合宪性一案中，卡多佐支持立法机关的理由首先是审核执业人达到法律要求，是为了维护公共交易的安全，不动产交易关系到市场所有贸易者的信心，而执业申请面向所有人——善良的人和邪恶的人，必须通过这样的措施防范通过隐蔽勾结获取违法所得的行为。在立法机关获知医药成分的合宪性一案中，卡多佐认为，法律要求药商向行政部门登记药品成分是为了保障公众的健康安全。判决不应该仅仅考虑该法对于现实的影响，而应该考虑到政府控制医药行业的未来效果。揭露医药行业的真相，预防或者处罚欺诈的销售或者有害化合物的行为是必要的。在强制检疫隔离的合宪性一案中，卡多佐支持立法机关的其中一个理由，是因为法令的目的是为了使城镇避免不健康的牲畜的危害。在公共工程拒绝外国劳工的合宪性案件中，卡多佐认为，法律的目的是为了促进本州公民的福利。州和政府的钱属于州和政府的人民，不属于外国人，共同的财产应当用于共同的所有者的利益。

第六篇　商业连锁税收规范的合宪性　1935 年判决①

争论针对西部弗吉尼亚一系列商店许可税的规定是否违反了宪法 14 条修正案。1933 年 3 月 8 日，西部弗吉尼亚立法机关通过了法律规定，商店的经营或维修必须获得州的税务机关的许可，根据商店的数量缴纳许可费。一个商店的许可费用是 2 美元，拥有 2 至 5 家商店，额外的商店需缴纳 5 美元；6 至 10

---

① FOX v. STANDARD OIL COMPANY OF NEW JERSEY No. 69 SUPREME COURT OF THE UNITED STATES 294 U. S. 87；55 S. Ct. 333；79 L. Ed. 780；1935 U. S. LEXIS 263.

家,每个额外的商店税额 10 美元;10 至 15 家,20 美元;15 至 20 家,30 美元;20 至 30 家,35 美元;30 至 50 家,100 美元;50 至 75 家,200 美元;超过 75 家店以上的,每家缴纳 250 美元。

被上诉人,作为下一级法庭的原告,是美国东部特拉华州的一家大型公司,从事精炼和运输石油产品的生意。它拥有支配西部弗吉尼亚 949 个服务或供应站,54 间工厂,总计 1003 家店。949 个服务站中有 101 家写明该公司所有,由原告直接控制和经营。460 家由原告出租,通过委托合同请代理人经营,但是协议规定,他完全控制这些商店,控制力度符合法律规定。由 54 个大工厂精炼的石油产品分配到各个站点,部分产品直接向顾客交货。由于石油分店数量众多,许可法关于连锁店税收规定加重了原告负担,明显超过了同行业的其他竞争者。统计数据表明,1933 年,该企业一年需要缴纳的税收达 569,693 美元,除了汽油店其他服务点需缴纳的税收 83,525 美元。由独立的经销商经营的汽油店共 2000 个,缴纳税收 5000 美元。原告的石油站点总共缴纳的税收 481,168 美元,占该企业税收总额的 84.46%。5 个大型石油公司包括原告支付的许可费用是 476,171 美元,占该行业全部税收的 83.5%,而原告一个企业支付 240,173 美元,占到该行业税收的 42.16%。由于不堪重负,原告提起诉讼。

原告提出以下理由。首先,汽油店不是法律意义中的商店。第二,因为即使他们是该法规定的商店,连锁店征税方式违反了宪法第 14 条修正案关于平等保护和正当程序的条款。基层法官支持了原告的请求,汽油连锁店不是该法意义上的商店;石油连锁店的税收规定相比其他的连锁店是沉重的、苛刻的,违反了法律对于原告的平等保护。最后法官判决停止将原告根据该法缴纳的税款缴纳州库,多交的税款归还给原告。

案件到了联邦最高法院,卡多佐提出了不同的判决意见。首先他认为,石油供应站和工厂是该法意义上的商店和商业设施。商店应当被解释为以金钱为目的的设施,它由国内的或者外国的一个人、公司、企业、合伙或其他类型联合体所有和运营,零售或者批发任何性质商品。原告和他的代理商在工厂和服务站出售汽油和其他石油类的产品,包括轮胎和其他汽车配件,满足了商店成立的条件,属于该法税收的对象。在诉讼中,曾有向上院提议修正商店的含义,将从事专门的汽油或者其他的石油类商品销售的商店予以排出,但投票否决了这个提议。而且,在一个理性之人的观念中,供应站就是一个商店。商品被理解为以金钱为目的的,销售任何形式的商品。

第二,连锁店的税收规定是否违反了纳税人法律的平等保护。卡多佐对此提出了两个问题。其一,是否每个所有者的同种类型的供应站适用了不同的课税标准,即判断是否该法武断地对大规模的连锁和小型连锁区别对待。其二,是否石油连锁店的税收数额是极端的、不成比例的,即判断该法武断地对汽油的销售连锁和其他产品的连锁区别对待。卡多佐例举 State Board of Tax Commissioners v. Jackson 案,汽油站点可以从连锁的组织形式中获得运营优势,因此课税的标准不同于独自所有的商店。在 Liggett 案中,更加清楚地论述了这个观点。数据表明,连锁店由于连锁特有的性质,获得的利润远远超过独立的经销商。连锁店的一致性的管理模式,统一标准的销售政策,统一的标志设计和建筑色彩,统一的配置和服务的质量,能够迅速地吸引消费者。原告从辅助公司买进原油,原告自己精炼,并由自己的站点和代理销售。原告拥有 1000 个站点,这些数目庞大的连锁店本身就是巨大的广告力量,他的企业效益位居当前市场前列,远远超过了独立的经销商。在西弗吉尼亚 4453 个供应站中有 55% 是连锁店,然而,这 55% 的连锁店能够销售 75% 的发动机燃料。在本案中,原告的连锁店虽然是独立经营的,但他们只是名义上的独立,他们分享同样的商标和设备,统一的零售价格,受制于原告。

对于税率是否具有压迫性,是否是一种武断的歧视,达到非法征用的地步,卡多佐认为,这取决于立法者的判断。根据 Magnano Co. v. Hamilton(supra)案件确立的规则,立法效果使得纯正黄油的销售得到促进,人造黄油的销售被抑制——立法者间接目的和动机,超过了司法审查的范围。即使缴税使生意受到损失,税法不会因此无效或者对此补偿。那些进入生意圈的人应当明白,自己从事的正是一项冒险活动。一个连锁,正如我们所看到的,拥有与众不同的经营方式,数目庞大的链接式的代理,伴随它们所有的能力和功能,产生了深远的社会效果、经济效果。所以,立法者对大型的连锁相比小型连锁规定了更重的税负。汽油连锁店的数量超过了那些销售其他产品的连锁店。因为他们的庞大规模,必须支付大量的税。然而法律没有特别强调何种类型产品的连锁形式,不要忘了,一般商品连锁店如果达到同样的规模,缴纳同样的税额。没有证据表明这是一种任意的歧视。所有一个等级的、具有同样的水平的成员,受制于相同的规则,受到了公平的对待。

增加连锁店数额,增加到法律规定的一个数目之后,相应地缴纳更多的税额。这个分类不是武断的、任意的，而是根据在正常经营的条件下，区分支付的能力，保证公平支付。但这并不意味着，相同纳税条件中的所有成员对于应当支付的数额都是满意的；每一个成员都可以轻松支付而不牺牲自己的利益。规则的普遍性意味着普遍适用而不是要求达到同样的效果。如果税收导致了不平等的困难，这个结果他必须接受。该法同样适用于泽西石油公司、辛克莱精炼公司、阿世兰德精炼公司、比尔石油公司、海湾精炼公司等等，法律的普遍适用并没有违反西部弗吉尼亚宪法要求的平等课税原则。State Board of Tax Commissioners v. Jackson(supra)案件中，印第安纳州法院表明了同样的态度。我们得到了一致的结论。税收的效果并非来自任意的歧视，财产没收并非违反正当的法律程序。推翻原判。

●前面说到卡多佐分析法律的合宪性重视考察制定法律的社会目的。此外，卡多佐分析法律合宪性的另一个重要考虑因素是分析法律产生的社会效果。这就是卡多佐在判断法律的合宪性过程中参考社会其他主体的普遍态度。

首先是各州法院对类似法律的态度。在立法机关执业许可的合宪性案件中，卡多佐列举了加州、田纳西州、肯塔基州、弗吉尼亚州、新泽西州等十多个州的类似规定，得出结论说，各州立法如此普遍地要求以及相关规定的上升趋势都表明，法庭支持立法机关对于经纪人资格认定的成文法规定。不仅如此，一系列案件承认了立法机关对有价证券经销商、保险经纪人、农产品经纪人的资格认证的权力。在强制检疫隔离的合宪性一案中，卡多佐列举了其他州类似法规的适用情况。在爱荷华州、内布拉斯加州、新泽西州、佛蒙特州、加利福尼亚州、伊利诺斯州等等,法令都得到该地区最高法院的支持。因此得出结论,成文法在各州的规定和实行表明了地方合作的原则,地方立法机关与公民合作实现法令效力的趋势。

其次是处于原告类似状况的其他社会成员对法律的态度。比如,在牛奶限价法的合宪性案件中,卡多佐希望原告提供其他的牛奶经销商的经营情况,证明限价对其他倾销商同样不利。如果限价对于上诉人不利,但是可以得到其他经销商的认可,他们的经营更有效、更经济,或者更了解公众需求获得了盈利,那么个别经销商的损失不能完全否定整个限价法。在本案中,同种类型的供应站并没有适用不同的课税标准,卡多佐说,该税法同样适用于泽西石油公司、辛克莱精炼公司、阿世兰德精炼公司等。如果同一个等级,同样的水平,受制于相同的规则,这就是受到了公平的对待。

第七篇　一案两诉的合宪性　　1937 年判决①

保克因涉嫌抢劫受到警方的调查,保克杀死了他们。康涅狄格州起诉保克犯有一级谋杀罪,经过审理,陪审团认定保克犯有二级谋杀罪,判处终身监禁。其后,康涅狄格州依照1886年的一个法案(该法规定,针对初级法院的判决结果,有关所有刑事案件的法律问题,可以由州提出,经过主审法官的同意,向复审法院(Court of errors)提出再审的请求),向复审法院提出

---

① PALKO v. CONNECTICUT No. 135 SUPREME COURT OF THE UNITED STATES 302 U. S. 319; 58 S. Ct. 149; 82 L. Ed. 288; 1937 U. S. LEXIS 549.

请求,要求对案件重新审理。复审法院认为原判存在以下错误:1 排除关于被告自首的证据。2 排除了在交叉质询过程中,有关被告人可信度的证据。3 法官在指示陪审团关于一级与二级谋杀罪的区别上,存在错误。佛蒙特州在 State v. Felch 等案件中支持了该程序的合法性,授予州向复审法院上诉的权利。因此,由于初审法院的错误,被告被再次带到法庭。

在挑选陪审团之前以及审理后期,保克提出反对意见,他认为,以同一诉讼原因发起两次审判使他承受了两次危险,这样做违反了联邦宪法第十四修正案。重审结果是,陪审团认定保克犯有一级谋杀罪,当庭判处被告死刑。复审法院根据1894年的决议肯定了宣告有罪的判决。保克向联邦最高法院提起上诉。上诉人认为,第五修正案所禁止的也为第十四修正案所禁止,第五修正案对联邦政府权力的限制同样限制了州的权力。没有人应当遭受两次同样的生命和肢体的危险(或说一罪不再诉 double jeopardy),无论这种危险来自联邦政府或是来自州。本案的问题是,州政府上诉之后,州法院允许再审,是否违反了联邦宪法规定的正当程序条款?

针对上诉人的理由,卡多佐做出了这样的论述。35 年前,类似的争论在这个法庭 Dreyer v. Illinois(187 U. S. 71,85)案件中也出现过,但是当时并没有考虑它的价值,因为这方面的问题对于判决意见不是必要的。到了 1904 年的 Kepner v. United States(195 U. S. 100)案件,这个问题被给予了更多的关注。在 1904 年判决意见中,根据多数法官的看法,本案第二次的审判是合法的。卡多佐认为,第十四修正案并不是一个一般性的原则,即并非凡属于联邦政府违反宪法的行为,在州做出的场合,也是违反了宪法。举例来说,第五修正案规定,死刑或者其他恶性犯罪必须有大陪审团的描述或者控告,但是在州起诉的场合,大陪审团的陈述或者控告可以让位给公共官员的信息。这种做法没有违反第五修正案。第五修正案同样规定,任何人不得被强迫在任何犯罪案件中提供对自己不利的证据。然而,在州起诉的场合,可以不适用这个规定。这方面的先例可以参考 Walker v. Sauvinet, 92 U.S. 90; Maxwell v. Dow, 176 U.S. 581; New York Central R. Co. v. White, 243 U.S. 188, 208; Wagner Electric Mfg. Co. v. Lyndon, 262 U.S. 226, 232. 第六修正案关于陪审团审理刑事案件的要求,第七修正案关于陪审团审理争议标的超过 20 美元民事案件的要求,允许各州修正或者废止。有关第四和第六修正案的先例可以参考 Weeks v. United States, 232 U.S. 383, 398 以及 West v. Louisiana, 194 U.S. 258. 同样,卡多佐认为,第五修正案所规定的:"任何人,不经正当法律程序,不得被剥夺生命、自由或财产。"该规定只适用于联邦政府。第五修正案对于联邦政府权力的限制并没有限制各州作出变通的权力。

然而,为了使州政府也受到约束,第十四修正案的第一款规定:"任何一州,都不得制定或实施限制合众国公民的特权或豁免权的法律;不经正当法律程序,不得剥夺任何人的生命、自由或财产。"卡多佐如何对这一规定作出解释呢?卡多佐认为,州政府受到约束的是公民的基本自由权利,包括言论自由、出版自由、宗教信仰的自由、和平结社的自由、刑事被告人获得律师帮助的权利。这些权利是自由秩序的核心概念。通过十四修正案,适用于各州政府。而对于陪审团审理的要求、起诉的要求、证据的要求不是自由秩序和维持公平文明的正义系统所必需的要素。做出修正或是废弃,并不会违背传统的公正原则和人民的良心。今天仍然像过去一样,刑事系统的学生把对政府的豁免看做一个潜在的癌细胞,尽力限制它的范围,甚至彻底摧毁。然而卡多佐说,如果被告需要承担接受调查的义务,保护州的豁免和特权就不是武断的、任意的。

接下来,卡多佐引述了边沁(Rationale of Judicial Evidence, Book IX, Pt. 4, c. III)、Glueck(Crime and Justice, p. 94)Wigmore(Evidencevol. 4, § 2251)、Garner(Criminal Procedure in France, 25 Yale L. J. 255, 260)、Sherman(Roman Law in the Modern World, vol. 2, pp. 493, 494)和Stumberg(Guide to the Law and Legal Literature of France p. 184)的观点,他得出结论说,在不同的社会层面和道德价值,一案不两诉并不是绝对禁止的。接下来,卡多佐论述说,十四修正案对州政府权力的限制是从早期限制联邦政府权力的条款吸收、拓展而来的。如果第十四修正案废除了这些来源,也就意味着同时牺牲了自由和公正。例如Twining v. New Jersey(supra, p. 99)案件。如果追溯到我们的历史、政治和法律,思想的自由,言论的自由,对于每个人都是不可缺少的,密切相关的。因此十四修正案防止州权力对此类基本权利的侵犯,其后扩大到行动的自由。这个扩展的确在逻辑上是必要的。如果州的行为对于公民权利来说是武断的,压制性的,就可能被法庭禁止。公民的基本权利蕴涵在正当程序的含义之中:任何人未经庭审不得被定罪;法庭审理不是形式上的,必须是真实的。被告如果被拒绝得到律师的帮助,宣告有罪的判决就是非法的。律师帮助被告人不是要扭转案件事实,而是保障第六修正案条款规定的辩护利益,保障案件得到实质的审理。第一至第八修正案所保护的免于政府行为侵犯的个人的基本权利,可能同样地受到保护,免于州政府侵犯,因为对基本权利的否定可能就是对法律正当程序的否定。权利受到保护不是因为法律在八个修正案所列举,而是因为他们天然地包含在法律的正当程序之中。

然而,卡多佐认为,禁止双重的危险(一案两诉)并不属于构成民事的和政治机构的基本的自由和公正。在本案中,被告并没有受到多次诉讼的折磨。如果审判需要免受实质法律错误的侵蚀,不利于他的诉讼应当继续。这并不是苛刻的、不适当的,这是一个互惠的权利。如果审判错误而不利于被告,通过再审纠正,现在同样的权利赋予了州政府。上诉人的宣告有罪的判决没有造成公民基本权利的减损,没有损害其他公民特权和豁免。卡多佐判决维持原判。(巴特勒法官提出异议)。

第八篇　大萧条时代的支付标准　　1937 年判决①

案件的上诉人是美国某水力公司,应诉人是美国某纸业公司。1881 年到 1897 年之间,双方共达成 13 项合同。其中一份承租合同,水力公司作为出租人,纸业公司为承租人。双方约定,合同债务的支付应以 1894 年美国金币的重量和成色为标准;或者以 1894 年美国金币的等价物支付,总计债务数额 1500 美元。1934 年 6 月,美元贬值,纸业公司破产,不能支付到期的

---

① HOLYOKE WATER POWER CO. v. AMERICAN WRITING PAPER CO. No. 180 SUPREME COURT OF THE UNITED STATES 300 U. S. 324; 57 S. Ct. 485; 81 L. Ed. 678; 1937 U. S. LEXIS 1177.

债务。出租人向破产法庭请求纸业公司清偿债务。本案的争议核心是清偿债务的支付标准问题。

支付标准合同中已经明确规定，为什么会对此产生争议呢？20世纪初年，美国经济进入波谷。1933年6月5日，货币新政策出台，国会联合决议宣布，禁止实施以黄金或者黄金为支付标准的合同条款，债务的支付应使用美元或任何法定货币。仅一年之后，1934年，《黄金储备法》宣布美元贬值。如果按照早先以黄金作为支付标准，美元贬值对于债务人来说是雪上加霜，他们现在必须用更多的美元支付先前的债务。但是根据1933年的国会联合决议，以黄金为支付标准的合同条款已经无效。联合决议挽救了债务人的命运，但是债权人对此非常不满。联邦最高法院通过 Norman v. Baltimore & Ohio Railroad Company(supra)确定了维护债务人利益的国会联合决议。

在本案中，出租人没有否认联合决议确立的支付标准，但他想方设法维持以黄金作为支付标准的合同条款。他认为，本案合同条款的独特之处在于债务支付标准是黄金的商品价值，而不是现金的黄金价值。所以本案不能适用 Norman 规则。初审法院支持债务人的利益，上诉法庭肯定了这一判决。因为涉及货币政策，联邦最高法院接受了此案的审理。卡多佐支持了下级法院的判决，但撰写了不同的判决意见。

如何解释"合同债务的支付应以1894年美国金币的重量和成色为标准；或者1894年美国金币的等价物支付"？卡多佐认为，必须摆脱形式和模糊的措辞，从合同的目的和实质，从整个交易的背景去理解。如果合同为了交付动产或者特定的商品，比如多少克拉的宝石，多少盎司的黄金，支付标准才是黄金的价值。交付黄金的合同不为法律所禁止。而出租人是一个水力公司,他从事的并不是黄金销售商从事的生意,他所意愿得到的支付方式是金钱而不是商品。合同规定了货币或者金条两种支付标准,并且可以由承租人自己选择。以相当于1894年1500美元的黄金作为支付标准,并没有要求必须提供该数量的黄金,就好像金匠提供为生意的用途。合同双方都明白,合同条款规定的支付标准是现金,而不是作为商品的黄金。该条款的真实目的是支付,而不是销售。金子是一个标准,相当于稳定的美元价值。所以该条款的最初目的是保证现金债务用和黄金价值相当的美元支付。如果债务合同以金钱支付为目的,应当适用 Norman 案确立的规则。并且,合同明确规定,承租户可以选择支付相当于黄金价值的现金,这个替代方案消除了出租人可能主张,他原本希望得到的是黄金,所引发的争议。联合决议已经使第一种履行方式无效,承租人有权选择有利于自己的第二种支付方式。

关于国会联合决议合宪性,卡多佐保持了与 Norman 案一致的态度。他在判决意见中花费相当多的笔墨陈述联合决议的经济意义。他论述说,国会在任何时候都拥有维持美元安全的权力,联合决议是为了确保统一有秩序的美国货币体系。通过此方案,稳定农业债务和银行亏欠中出现的混乱,从而增加农业购买力,提高国家收入,挽救紧急状况。正如联合决议所说,债权人坚持要求把黄金或者特种硬通货作为支付标准,妨碍了国会调控货币体制的权力,违背了特殊时期国家的公共政策。在此紧急时期,黄金持有或者交易,影响公共利益,必须受制于适当的管制和约束。要求以黄金或者特种硬通货作为支付标准,支付任何债务的合同条款应当被废除(当然,该条款的废止不影响任何其他合同条款或者法律的效力)。卡多佐说,债权人因此遭受的不幸,法律爱莫能助。某一合同,如果孤立地看,判决结果可能对于新政货币政策影响甚微,然而,正如积跬步可以致千里,汇溪流可以成江河。把这些判决结果累计起来,每一个微小的影响累计起来,就会对整个金融体系造成巨大影响,破坏新的货币政策。卡多佐判决维持原判。

●卡多佐在判决中始终抱有一种大局观。他不会因为同情而将法律的天平偏向商业竞争中的弱者或遭受损失的人。我们可以回顾之前阅读的一些案件,在强制检疫隔离的合宪性案件中,卡多佐认为,法令以申请比例作为生效条件,并不意味着把多数所有者意愿强加给少数人。因为那些相邻牧场的不愿意妥协,不同意整体的少数人将使感染的危险变大。如果一个或者少数人自以为是,将使所有人的努力付之东流。卡多佐说,法律是一项社会工程,通过社会合作,寻求整体的利益的最大化。合作可以凝聚群体,尤其在处理农业问题上。在牛奶限价法的合宪性案件中,卡多佐说,法律满足了公共效益,原告没有获得好处。如果政府发布一个命令,弱小的成员发现自己不能保持和强者一样的节奏,这是他们自己的问题,而不是法律的问题。在商业连锁税收规范的合宪性案件中,卡多佐引述 Magnano Co. v. Hamilton(supra)案件确立的规则:缴税使生意受到损失,但税法不会因此无效或者对此补偿。卡多佐说,那些进入生意圈的人应当明白,自己从事的正是一项冒险活动。同样本案中债权人的利益确实因为公共政策受到了损害。卡多佐在最后的分析中,判决支持了债务人不过是因为国会联合决议的政策,美元的价值波动,货币重量标准的变化,使缔约双方的预期落空。合同可能创立财产权利,但是当合同受制于国会经济调控,当事人预期与公共福利发生冲突,他们必然要屈从于经济大局。

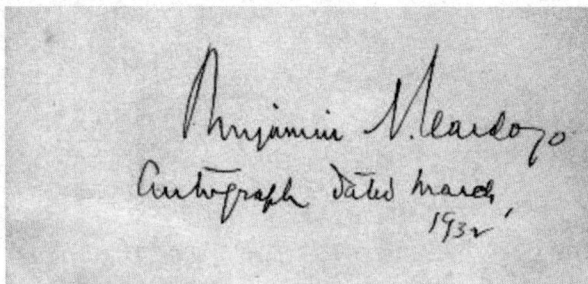

卡多佐的签名(1932 年)

第十一节　刑法

第一篇　上帝要我杀了她 纽约州诉施密特　1915 年判决①

1913 年 9 月,一名叫做安娜的被肢解的尸体在美国汉德森河被发现。怀疑指向了被告施密特,他被逮捕了,并且承认是他杀死了这个女人,他用一把刀切断了女人的喉咙。他一遍又一遍地重复他的供述。然而,为逃脱谋杀的刑事处罚,他向法庭辩称他是一个精神病患者。他告诉检查他的医生,他听见了上帝在召唤他,要他杀了这个女人作为牺牲和赎罪。他承认信

---

① The People of the State of New York, Respondent, v. Hans Schmidt, Appellant Court of Appeals of New York 216 N. Y. 324; 110 N. E. 945; 1915 N. Y. LEXIS 808.

奉宗教以致迷乱导致了这场耸人听闻的犯罪。他还告诉法官和陪审团,他看见了上帝的形象,上帝指示他,要求他必须忠诚地执行这一可怕的犯罪。两位有经验的医生接受了他所陈述的,认为确实如此。他被错觉所压制表明他确实是患有精神疾病的。而其他一些医生认为他的错觉是伪装的,精神错乱是谎言。陪审团接受了后者的意见。初审判决被告施密特犯有一级谋杀罪,并宣告1914年2月对其执行死刑。

然而1914年7月,施密特以发现新的证据为由提出了新的诉求。在他的诉讼书中,他陈述了一个相当不可思议的故事。他现在说,他并没有谋杀安娜,他的有罪供述也是假的。他说,安娜死于罪恶的手术——秘密堕胎。这个手术是他和其他人一起参与的。他把尸体砍成碎片,并将碎片扔进了河。他现在说,他所犯的罪行不是谋杀而是一般的杀人。他说,当初选择说谎,是因为他相信他能够成功地假装精神错乱,并企图在精神病院一段时期之后,重获自由。承认堕胎就意味着要供出他的同伙,最终导致每一个同伙都受到刑事处罚;而供认谋杀,但同时假装精神病,可能保证每一个人都获得自由。他说,这个精心的计划是他和同伙共同商议的。他能够保护他们免于被怀疑,自己伪装成精神病。(但是被供出作为同伙的一男一女否认有这样的计划,法庭并没有处理他们的问题。现在的主人公仍然是施密特。)被告现在告诉法官和陪审团,他是健全的,怪异的荒诞的错觉是瞎编的,他没有听见神圣的召唤要他献祭杀生。现在的问题是,对于这个尘埃落定的案件,是否因为重大变故重新审理?被告施密特认为,初审法官在精神错乱作为抗辩理由的问题上向陪审团指示错误,应当根据新的案件事实重新审理。

卡多佐撰写了上诉意见。卡多佐用简洁的言语否定了被告的主张。他认为，施密特的行为是对庭审的蔑视。根据成文法，如果被告可以在诉讼书中举出新证据，案件可以重新审理。施密特事先预备了两套辩护，当一套辩护失败了，再调用另一套辩护救急。他妄想提供真实的犯罪供述可能会改变判决结果。无法证实施密特现在的故事有多大程度是真实的，即使整个故事是真实的，法庭现在也没有能力帮助他。因为被告举出的不是自审判以来新发现的证据，这些内容对于他来说是已知，只是一开始他选择了隐瞒、欺骗。因为他相信他有能力欺骗法官、法医和陪审团，结果陷入了自己设计的陷阱。

判决书较多论述了有关精神失常的普通法规则。卡多佐认为，初审法官在对陪审团关于精神失常抗辩理由的指示上确实存在错误。根据普通法规则，一个人不能因为他是一个白痴，他患有精神疾病，就免除犯罪责任。除非证明在进行那种犯罪行为时，他处于缺乏理智的状态——首先，他不知道他当时的行为性质；第二，他不知道他的行为是不当的。初审法院指示陪审团，所谓"不当"，就是违反法律。陪审团受到这样的指示——如果被告完全被假象所困扰，他相信上帝命令他实施杀死安娜的行为，除此之外头脑中没有任何想法，被告无罪。然而，如果被告能够分辨这个行为是为法律所禁止的，明知杀人违法，实施杀人，精神错乱的抗辩就是不成立的。陪审团因此作出了有罪判决。初审法官告诉陪审团，"不当"意味着违反法律的行为。卡多佐追溯了精神错乱作为抗辩理由的历史，提出了不同的看法，"不当"的含义是"道德不当"，而不是违反法律。

卡多佐论述说,早期,精神患者犯谋杀罪不能免除刑罚。经过国王的宽恕,证明他是疯子,可以免除处罚。在史蒂芬《刑法的历史》(Stephen *History Criminal Law*),保罗和梅特兰《法律历史》(Pollock & Maitland *History of Law*),赫德沃斯《英国法的历史》(Holdsworth *History English Law*)中都有介绍。对于意外杀人致死者或者自卫,同样需要国王的宽恕免于处罚。State v. Pike (49 N. H. 399)和 State v. Jones (50 N. H. 369),确立了"野兽测试"的规则(wild beast test)。除非被告完全丧失理智、理解力和记忆,不知道他正在做什么,当时的他就可以被视为一只野兽,因而免除刑事处罚。这个测试被确立为法律规则。对被告的测试,是区分正确和错误的能力,区分善与恶的能力。这些案件所理解的不当行为作为"道德不当"的同义,而不是违反法律的行为(参见 *Comm. v. Winnemore*, 1 Brewster [Pa.], 356; *Matter of Ball*, 2 City H. Rec. 85)。在 Bellingham(supra)案件中,曼斯菲尔德法官指示陪审团,必须有排出所有怀疑的证据证明,在那时,他在实施残暴的行为时,没有意识到谋杀是一个犯罪,违反了上帝和自然的法则。许多年来,这个规则成为"不当行为"的经典定义。林德法官(Lyndhurst)在 Reg. v. Oxford (9 C. & P. 533)案件中,遵循了这个定义。他们的措辞不同于今天初审法官的表述。1843 年,在著名的判决书 M' Naghten's Case(10 Cl. & F. 200)案件中,这个规则得到了更为精确的科学的表述。

卡多佐认为,对于陪审团来说,所有的案件中每一个人将被假定是健全的,拥有充足的理性为他的行为承担责任,直到出现可以让他们信服的相反的证据。精神错乱的抗辩理由,必须存在清晰的证明——在从事那个行为的时候,被告处于一种理智缺失的状态,这种缺失来自于心智的疾病。他当时并不了解他正在做什么,如果他知道了,他也不认为这是不当的。陪审团的工作是判断后一个问题,即是否被告在从事这个行为时能够区别正确和不当。如果被告意识到,犯罪行为是他不应当做的,并且同时意识到行为是有悖于法律的,他是可罚的。如果被告对于法律一无所知,却知道行为在道德上错误,他仍然是可罚的。但是如果法官指示陪审团单纯判断被告是否了解行为的合法性,可能会诱使陪审团相信,被告对于法律的了解是重要的,从而宣告有罪判决。

新的问题是,如果被告知道他的行为是违背法律的,但是由于精神错乱,为了复仇,或者为了矫正某些被告自以为是的冤情和伤害,或者被告的犯罪行为产生某种有益于社会的效果,被告的犯罪行为仍然要受到惩罚吗?回答是肯定的。如果在那时他知道行为与法律规定相悖,他要根据所犯的罪行受到处罚。这里出现了两个规则:第一,不当行为的标准是道德标准。即判断精神错乱的抗辩能否成立,需要考察被告能否分辨行为在道德上的对错。第二,如果被告明知行为违反法律,无论他能否分辨行为在道德上的对错,他都要承担刑事责任,精神错乱的抗辩不能成立。两个规则是否冲突?

卡多佐认为,这两个规则实际没有冲突。必须被纠正的伤害和冤屈,或者为了公共利益实施犯罪并不等同于错觉,比如上帝向自己发布了一个命令。如果一个人相信个人或者公共利益可能通过犯罪行为得以促进,在他的头脑中法律和道德之间没有任何冲突。然而,错觉的产生,在一个人的头脑中人法与道德出现了背离。卡多佐引述 R. v. Townley（3F. &F. 839）案件，马丁法官指示陪审团，是否罪犯知道他的行为是与上帝之法和法律的处罚相违背。R. v. Layton 案件中，法官说，陪审团必须决定是否被告的错觉使他不能理解杀害他妻子的邪恶。根据曼斯菲尔德法官在 Bellingham（supra）的表述，即是否被告的理解为上帝之法和人法所禁止。（参见 Peoplev. Waltz,50How. Pr. 204,232；People v. Pine,2 Barb. 566,570；Casey v. People,31Hun,158,161）肖法官在 Comm. v. Rogers（7 Metc. 500）案件中，拓展了这一规则。他举例假设某人患有精神疾病，他感觉到上帝发布命令，要他实施犯罪。他告诉陪审团，被告必须怀有信念，相信那时他和其他人的立场是一样的。充分地真诚地相信，行为是上帝直接命令的，他所做的是受到了更高一级的命令，取代了人类的法律，他的行为符合自然法则。在 Guiteau（10Fed. Rep. 161）案件中，肖法官的意见得到了充分的引述，并通过其他例子予以补充。法庭举例说，某人是位大家公认的好爸爸，突然有一天，爸爸疯狂地相信，他受到超能力的命令，命令他去杀死自己的孩子。即使他知道谋杀是被人法所禁止的，这样一个人也不亚于一个精神病患者。他了解人法的规定，但执著地相信他是根据神法而行动的。

卡多佐引述了一系列的先例，试图寻找到先例中关于"不当行为"解释的一种趋势。在 Willis v. People（32N. Y. 715）案件中，初审法官指示陪审团，被告必须已经知道他的行为是违反法律的，并且本身是不当的。在那个案件中，精神错乱使他虔诚执行上帝的命令，没有考虑是否违背人法。法庭认为，控诉是充分正确的。但是，如果区分行为是不合法的和行为在道德上错误,会更准确。在 Moett v. People（85 N. Y. 373）案件中,初审法官没有扩大"不当"的解释。一个被告必须在实施犯罪行为时,充分地区分行为的正确与不当,他必须充分理解行为违反了上帝的法律或者国家的法律,或者同时违背了两者。但是 Willis 案件没有涉及上帝之法和人法之间的冲突。在 People v. Purcell（214 N. Y. 693）案件中,初审法官指示陪审团,判断被告是否了解其行为的性质,包括道德标准和法律,神法和人法。通过这些先例,卡多佐认为,确定"不当"即违反道德标准,不存在一个决定性的判决。这个问题仍然是开放的。在马塞诸塞州,判断精神错乱的标准是被告感觉到存在某种驱使他如此行为的力量,这种力量超越了他的理智和判断,使他不能控制自己。这就不同于先前的标准。卡多佐表示,自己并不赞同这种标准。一个母亲杀死了她的婴儿,她知道她行为的性质,她知道法律是谴责杀人的,但是精神紊乱产生错觉,看见上帝出现在她面前,命令她献祭。卡多佐说,此时,罪犯不会意识到她的行为是不当,相反,她认为自己在做一件正确的事。被告的是非观与法律表达相违背,这个错位即是因为心理疾病。这不同于一个无政府主义者相信所有的政府都是恶的;一个宗教狂热分子享受一夫多妻,一妻多夫和人祭,这些人的"信仰",来源于自身错误的道德观念,并不是疾病的产物。

回到这个案件,卡多佐认为,初审法官关于精神错乱的抗辩理由在指示陪审团时存在错误,但是这个错误并没有推翻宣告有罪的判决结果。被告已经承认,他是健全的,他在法庭上所说的都是假的。他从没有看见上帝的幻像,没有听到上帝的命令。心智健全是陪审团正确的裁判。即使承认初审阶段关于精神错乱的定义存在错误,这个错误对于判决结果没有产生不公正。被告伪造精神错乱抗辩理由的目的是为了欺骗法庭。所以不仅维持初审判决,还要对他施加新的处罚。对此,卡多佐引述了普通法中的一个原则——没有人应当被允许从他自己的错处中得到好处。对于施密特新的供述,卡多佐没有表示肯定或者拒绝。他只是论述说,如果那些是真的,但施密特没有提供新的证据。卡多佐作出维持宣告有罪的判决。

第二篇 证据排除规则的异议 纽约州诉丹佛 1926 年判决[①]

丹佛因涉嫌偷盗一件价值 50 美元的外套在其居所被警察逮捕。搜查过程中,警察们发现了一个长袋子,里面装有一根铅皮棍棒。在法庭上,丹佛被指控犯有两项罪行,盗窃罪和非法持有武器。经过审讯,盗窃罪名不成立。非法持有武器的罪名是否成立存在争议。庭审之前,丹佛请求禁止采用在其居所搜查到的铅皮棍棒作为定罪依据,理由是警察在获取此物时没有携带相关搜查令,是非法搜查和没收。初审法官否决了被告的请求。他再一次提出异议,然而异议仍被驳回。丹佛认为,法官的判决侵犯了联邦宪法第十四修正案正当程序所保护的公民基本权利。被告没有偷盗,甚至也没有试图偷盗,但是警察在没有携带合法的逮捕和搜查证件的情况下闯入了丹佛的居所。警察一方强调丹佛的违法事实,虽然警察通过不合法的

---

① The People of the State of New York, Respondent, v. John Defore, Appellant Court of Appeals of New York 242 N. Y. 13; 150 N. E. 585; 1926 N. Y. LEXIS 956.

手段发现证物,但是持有管制武器是违法的,这本身是一个具有破坏性的东西,没收是正当的,是为了消除潜在危害。

案件到了纽约州上诉法院,卡多佐的判决支持了警方。他认为从嫌犯居所非法搜查和没收的证据可以被法庭采纳。卡多佐引述了诸多先例予以论证。在 People v. Adams (176N. Y. 351)案件中,警察携带搜捕令,抓捕聚众赌博者,搜查赌博工具。但是警察并没有局限搜查搜捕令上所列范围。在没有获得法律的许可的情况下,他们查封了被告的书籍和笔记。法庭认为,虽然查封是不合法的,但是这些文件仍然可以为法庭采纳。联邦宪法有关第五和第十四修正案的判决对纽约州上诉法院没有约束力。虽然如此,卡多佐还是对联邦最高法院的相关判决意见进行分析。在 Weeks v. U. S. (232U. S. 383) 案件中,法官认为在庭审之前被告可以请求由政府非法没收的私人物品,予以归还,并作为被排除的证据。在 Silverthorne Lumber Co. v. U. S. (251U. S. 385)案中,法官认为,物品的附件应当被保留,书籍和笔记必须备份。Gouled v. U. S. (255U. S. 298)和 Amos v. U. S (255 U. S. 313)案中,如果被告并不知道自己的物品被警方作为证物非法查收,直到庭审时看到这些证物,那么庭审之前的请求不是必须的,被告仍然可以提出主张。Burdeau v. McDowell (256U. S. 465)案中,联邦的检举人可以使用非法获取的证物或其他非法获取的不利于被告的信息。Hester v. U. S(265U. S. 57)和 Carroll v. U. S. (267U. S. 132)案中,区分在房间与在开阔区域或者汽车及其他交通工具的搜捕,是否采纳非法获取的证据作出了不同的规定。最终 Agnello v. U. S. (269 U. S. 20)案认为,虽然这些东西是违法物品,犯罪事实无可置疑，被告在庭审前也没有提出证据排除的请求，但是非法获取的证据必须被排除。这就意味着，联邦最高法院已经推翻了它自己在 Adams v. New York 案中确立的规则。因为警官的过失，罪犯获得了自由。

联邦最高法院通过一系列案件确立的证据排除规则，卡多佐详细论述了美国各州法院对此的态度。有 14 个州已经采用了 Weeks 案的规则直接作为说理的基础，或者进行拓展。但有 31 个州拒绝了证据排除规则。可以参见马塞诸塞州 Comm. V. Wilkins, 243 Mass. 356；Comm. v. Donnelly, 246 Mass. 507，加利福尼亚州 People v. Mayen, 188 Cal. 237，康涅狄格州 State v. Reynolds, 101 Conn. 224，俄亥俄州 Rosanski v. State, 106 Ohio St. 442，堪萨斯州 State v. Johnson, 116 Kan. 58；116 id. 179，爱荷华州 State v. Rowley, 197 Ia. 977, 979，弗吉尼亚州 Hall v. Comm. , 138 Va. 727。这些案件遵循了旧有规则，继续采纳非法搜查和查封获取的证据。各州对此问题存在分歧，是否接受非法证据并不存在一个指导性的规则。

因此卡多佐根据本案案情，提出了支持采纳非法证据的两点理由。其一，法律不应根据非法收集证据者的身份区分证据的效力。无论警察，政府官员还是普通公民彼此身份不同，但非法收集证据的目的是一样的，他们采集的证据具有相同的证明力，并且他们的非法行为都将受到立案处罚。根据联邦规则，警察非法收集的证据遭到排除，而私人非法收集的证据可以采纳。在本案中，铅皮棍棒是房东带领警察来到丹佛的住所共同发现的。联邦规则如何解决本案证据？以身份区分非法证据效力是不合理的。其二，卡多佐从证据排除规则可能产生的社会效果分析,某个小小的治安警官可能因为过分热心,或者轻率的取证行为,豁免了一个罪大恶极的罪犯。如果非法搜查犯罪现场、谋杀犯的身体,获取了重要证据,然而根据证据排除规则,这些证据不能采用,而其他证据不能充分证明被告的罪行,凶手就会逍遥法外。如果在没有搜查令的情况下,意外查收伪造货币的器械,遵循证据排除规则,就会放纵了那些作恶的人。卡多佐认为,法律不能使社会承受这些危险。一方面,法律必须遏制犯罪;另一方面,法律必须牵制"傲慢的"政府。卡多佐再次确认了 Adams 案件规则,虽然警察非法搜集的证据获得了采信,但是证据的披露严格遵循庭审程序。遏制犯罪和限制权力两者得到了平衡。最后,卡多佐比较本案与 Adams 案件的不同。本案非法获取的证据是一件违法物品,铅皮棍棒,而在 Adams 案件中非法证据是书和笔记。在 Agnello v. U. S. (supra)中,这种区分已经不重要了。卡多佐作出了维持宣告有罪的判决。

第三章　从美国的法律和法学中认识卡多佐

第一节　卡多佐对美国法律的贡献

卡多佐真正的法官生涯是从他进入上诉院开始的。在他在任的十年间,纽约州上诉法庭成为英语世界伟大的进步的法庭。受到社会法学理论的影响,如霍姆斯法官指出的,法律的正当程序并不意味着法律原则、法律概念、法律救济必须一成不变,即使时代在变化,时代中的人在变化。其他的法官可能有所意识但是并没有深刻理解或对这些变化作出回应。卡多佐在任期间从来没有忽视变化的条件和变化的观念。一方面法官需要修正观念和推出新的法律规则满足新时期的需要,另一方面法官也需要使法律发展维持在一个稳定的节奏上,在两者之间,卡多佐发现了一种联合的途径,使古老的规则以一种新鲜方式展现出来。在卡多佐的同辈中,没有人在这一点上超越他。在他的影响下,上诉法院的同事庞德、麦克劳琳、科恩、安德鲁斯也很快认识到这一观点的价值。①

---

① 参见 Irving Lehman *Judge Cardozo in the Court of Appeals* The Yale Law Journal, Vol. 48, No. 3 (Jan., 1939), pp. 382 – 389.

侵权法贴近生活现实,因此成为卡多佐最好的表达其生活哲学的领域。他最负盛名的判决书别克汽车案、帕斯格拉夫案、自来水公司案、不实陈述和欺诈案都是有关侵权法的判决书。① 卡多佐在严格责任方面没有什么创新,他认为严格责任不是改进的结果,而是古老的遗留。② 在抗辩理由方面也延续了过去的理论:自冒风险、同工规则、原告过失。③ 卡多佐在侵权法领域最重要的贡献是过失理论,尤其是对人身及财产的过失侵权。

这些判决书中最为人称道的是卡多佐的分析方法——全面地、详细地掌握案件事实,运用逻辑、历史、习俗和公共政策等资源分析案件事实中的法律问题,并在此过程中有意识地平衡司法裁决中的基本要素。卡多佐用最温和的方式推出新规则,他努力缩小原则差异,或者把这种差异解释为运用上的不同。④ 比如, 在唐纳德诉别克汽车案中,得出判决结论的思路是先将这个案件与先例比较分析,指出他们的一致之处和不同。然后列举另外一些适用该先例规则的案件,通过对这些案件的分

---

① Warren A. Seavey *Mr. Justice Cardozo and the Law of Torts* The Yale Law Journal, Vol. 48, No. 3 (Jan., 1939), pp. 390 – 425.

② A. L. 考夫曼:《卡多佐》,张守东译,法律出版社 2001 年版,第 259 页。

③ A. L. 考夫曼:《卡多佐》,张守东译,法律出版社 2001 年版,第 264 ~ 270 页。

④ 考夫曼认为,卡多佐最著名的意见书是在侵权法领域,尤其对人身及财产的过失损害。卡多佐处理这些问题有三个重要的标志:1 根据案件事实,运用逻辑、历史、习俗和公共政策等分析方法。2 对于他是稳健的革新者,他有意识地平衡司法裁决中的基本要素。他用最温和的方式推出新的规则,试图缩小原则差异,或者把这种差异解释为运用上的不同。3 独特的文风。在他的判决书中,历史、文学和法律是融为一体的。参见 A. L. 考夫曼:《卡多佐》,张守东译,法律出版社 2001 年版,254 ~ 257 页。
　　考夫曼认为,在合同法案件中,卡多佐重视的主张包括:确定性(特别是商业背景上),正义,规则的效力超出受争议的允诺。卡多佐合同法意见书中的主要问题包括,在协议不明确的情况下,是否要从当事人的交易背景中推断允诺的存在;是否应执行一个人的允诺。A. L. 考夫曼:《卡多佐》,张守东译,法律出版社 2001 年版,第 314 页。
　　另外,考夫曼认为,刑法并不是卡多佐的专长,大体来说,他的刑法判决意见有三个特色,其一,他注重案件事实,很少在抽象的层面上探讨法律规则。其二,在大多数情况下,卡多佐不轻易推翻陪审团作出的有罪判决。其三,关注刑法中的道德过错问题。A. L. 考夫曼:《卡多佐》,张守东译,法律出版社 2001 年版,第 391 页。

析,卡多佐认为这些案件已经对先例中的规则进行了扩展。先例中的规则已不再有严格的意义。卡多佐按时间顺序寻找到其他一些先例,继而总结出法官思想的倾向,得出结论:先例中的原则不限于毒药、爆炸物和类似具有毁灭性的事物。如果根据一个东西的本性知道若是疏忽大意的制造,会使生命处于危险中,制造商应当承担谨慎小心的义务。同时,卡多佐也列举出一些相反结论的判决。但是,卡多佐认为,案件结论的不同在于原则的运用而不在于原则本身,也许法律规则没有改变,但是从属于这个规则的事物发生了改变。

卡多佐时代的过失理论,不是建立在古代 Trespass 的学说上,而是建立在 18 世纪末 19 世纪初 Heaven V. Pender,1850 年布朗诉肯德尔案等案件确立的主观过错的概念和规则之上。发展中的工业文明需要以过错为依据原则,保护新兴工业在没有过错的情况下不负法律责任,从而鼓励其发展,这是 19 世纪下半叶的重要主题。[1] 卡多佐遵循了这样的理论框架。比如在无可复原和获得赔偿的断指案件中,卡多佐的判决支持了被告雇主。雇主对其工伤雇员不承担损害赔偿责任的原因,他认为,机器是符合标准质量的,符合一般的用途,判断被告注意义务的标准是一个小店主而不是工厂老板应尽的义务,不是可以改造设备的发明家的义务。雇员对雇主损害赔偿的要求不能超越雇主合理注意的能力。又比如,在马车夫之死的案件中,马车夫不能获得赔偿的理由是因为他本身行为的过失。马车在夜晚行驶时没有亮灯,忽略了法律为保护他人的利益而特别

---

① 　A. L. 考夫曼:《卡多佐》,张守东译,法律出版社 2001 年版,第 252 页。

设置的一些安全措施,未能尽到一个生活在有组织社会中的人所必须承担的谨慎行为的义务,并且这个没开灯的过失是造成这场事故的主要原因之一。

　　然而,卡多佐的贡献不是仅仅阐明和维护过错责任规则的教条,而在于他使过错责任规则系统化和现代化。[①] 卡多佐用自己的方式——可预见性这一分析工具,处理了侵权法中的两个问题——责任问题和因果关系问题。可预见性的分析方法出现在很多案件中。卡多佐认为制造商应当承担责任,需要考察制造商能不能预见到他的过失行为可以对合同第三人构成损害的威胁。制造商应当预见到直接购买者、销售商,并不是商品的使用者,制造商的产品质量责任应当对那些使用商品的人负责。在读不懂发不出的一份商业电报案件中,卡多佐认为,违约的损害赔偿限于因违约而自然发生的损失,或可合理推断为当事人可预见的损失。在帕斯格拉夫诉长岛铁路公司案件中,卡多佐认为,一个报纸包着的普通的包裹会引发如此大的一场事故,这是警卫无法预料到的后果。案发时,帕斯格拉夫女士站在远处,这个空间的距离更加限制了警卫的预见能力。在爆炸中丧生的旁观者案件中,卡多佐分析案情事实,爆炸发生在从仓库中盗取炸药的第二天,爆炸地点在半英里之外,因偷窃引起了爆炸,这些中介的原因影响了被告的预见。

　　科宾教授认为,卡多佐对美国合同法的贡献也在于他的"司法进化理论"。合同法并没有深刻地改变,卡多佐判决理由和对事实的陈述没有抛旧换新,而是对既有学说的富于智慧的

---

　　① A. L. 考夫曼:《卡多佐》,张守东译,法律出版社 2001 年版,第 251 页。

运用,即针对新的案件事实,实现法律规则合理的进化。① 卡多佐合同法的判决书的鲜明的特点首先在于他善于从合同的目的和合同的背景寻找当事人的真实意图,他不允许模糊的细节性的语言遮蔽合同的主要目的。在有关公共服务者的责任第二篇判决书中,卡多佐认为,虽然会计事务所与合同的第三人没有合同关系,但是被告也要对其雇主的债权人和投资者承担诚实不欺瞒的义务,因为事务所合同行为的目的是要向债权人和投资者提供资产证明。最为典型的例证是吹毛求疵的别墅主人案,卡多佐认为,虽然承包商违反了协议文字表述的要求,但并不妨碍合同目的的实现——"建一所满意的房子"。

卡多佐合同法判决书的第二个特色,卡多佐作出判决的主要思路是试图从字里行间,从隐含在违反承诺会产生什么效果的意思中寻找承诺存在的可能,澄清"对价",而不是机械地适用合同规则。引用吉尔摩的话说,只要他愿意,他可以在任何地方找到对价,除非赠与。只要受诺人具有作为对价的允诺,这项允诺就是可以实施的,卡多佐的意图是鼓励人们信守承诺。此外,卡多佐在处理有关行政合同时,具有很强的社会现实感,他尊重政府的立法和行政部门的权威,关注政府的财政问题,他的合同法判决书同样体现了一种规则的确定性和社会正义感的平衡。

政府调控和自由贸易之间的关系是卡多佐在公法领域的主要贡献。他曾引述叶芝(Yeats)的名言说,所有国家的繁荣都

① Arthur L. Corbin, *Mr. Justice Cardozo and the Law of Contracts* The Yale Law Journal, Vol. 48, No. 3 (Jan., 1939), pp. 426 – 457.

依赖于个人、少数人、多数人之间的平衡。卡多佐已经意识到，经济危机加剧了社会制度和人类自身的各种问题，自私、偏见、经济上的不平等和社会不公，在先前的法律进化缓慢和低效的情况下，要求政府应当思考新的救济办法。卡多佐提出，技术层面的法律理论和古老的原则是适应社会新局面的资源，而法官对社会环境的理解则是

汉译世界学术名著丛书

司法过程的性质

〔美〕本杰明·卡多佐 著

卡多佐名著《司法过程的性质》中文版封面

指导思考法律问题的方向，因此政府活动不应当受到法律程式的拘泥，行政实践才是判断立法合理性的重要因素。这个观点贯穿了卡多佐涉及税法、价格、联邦与州权力关系的判决书。判决结果表明，卡多佐偏向保护政府权力运作，每一位法官必须意识到社会变化、社会矛盾、新的调节计划的有效性。① 卡多佐在担任纽约州上诉法院首席法官期间，曾经撰写了一篇关于州的上诉法院和国家最高法院根本区别的文章。

他认为，纽约上诉法院是一所重要的普通法院，它所关注的问题是法律人所关注的问题。但是最高法院关注的却主要是法律解释。最高法院诉讼的素材是公法而不是私法。它要求法官具有司法政治才能。最高法院主要是一个政治机构，它的判决确定了政府主要部门之间的界限，联邦主义的良好运作

---

① Felix Frankfurter , *Mr. Justice Cardozo and Public Law* The Yale Law Journal, Vol. 48, No. 3 (Jan., 1939), pp. 458 – 488.

以及赋予个体权利的范围也取决于它的行为。当卡多佐担任
联邦最高法院法官时，他的确充分地展示了其司法政治才能。
卡多佐出任联邦最高法院法官正值休斯法院时期，从 1930 年
到 1941 年。关于政府能否干预社会经济，支持者和反对者形
成鲜明的两个阵营。根据主流大法官意见的变化，休斯法院时
期可以分为两个阶段，前一个阶段，主流意见继续支持自由放
任的经济态度，后一个阶段，保守势力也逐渐倾向于认可政府
权力对于私权的管制，法官克制主义转向司法能动主义。① 卡
多佐对于这个问题保持了一致的态度，他始终认可政府权力对
社会经济的管制措施，虽然在某些时候也会对这种权力作出一
定的限制。在联邦最高法院的 6 年里，他对联邦最高法院的最

---

① 在《美国最高法院史》中，施瓦茨认为在美国历史上，最高法院对法官与政
治、经济、和社会其他因素之间的态度经历了这样一些变化：在联邦宪法通过以前，
法官们实际行使着司法审查权，通过司法审查保证新宪法所保障的权利的执行。
如，1761 年，奥蒂斯在其演讲中已经这样表述：法律的有效性必须由法院进行判
定，以及联邦党人 78 篇对司法审查的申辩。但是这个权力在 1790—1801 年杰伊
法院时期并没有得到具体实现。1801—1836 年马歇尔法院时期，在马歇尔·斯托
里影响下确立了这样一种理念：法律的本质是法官法，强调法官的作用以及司法独
立和司法威望的必要性。1837—1864 年坦尼法院时期，强调公共权力，在适当的
情形下，公众的需要高于私人权利，解决政治问题的所有机会留在法庭以外解决。
这一时期的麦克莱恩、韦恩、鲍德温、卡特伦、巴伯等大法官认为，大法官应当与政
治相分离。战后，林肯任命的蔡斯和韦特法院，司法行为受到政治因素左右，其同
事包括米勒，菲尔德，格雷(后霍姆斯接任)，哈兰(作为一个异议者)等。通过农夫
系列案件，最高法院首次被呼吁对现代社会性立法的潮流作出回应。1888—1910
年富勒法院，贯彻了斯宾塞的《社会静力学》理论，在法律领域采取自由放任的观
点，开始了最高法院的消极法哲学。同一时期的哈特对其主张异议。这一时期的
名案是洛克纳诉纽约州案。关于雇工的工作时间限制是否违反"契约自由"，霍姆
斯抨击自由放任的观点，佩卡姆等法官持对立的司法观。卡多佐担任纽约州上诉
法院法官时期，联邦最高法院的大法官包括勒顿、休斯、怀特、塔夫脱、桑福德、布兰
代斯、麦克雷诺兹、霍姆斯。最高法院的主流观点维持了那些显著改变调整工资工
时的法律及调整雇工义务规则的法律。其中布兰代斯强调法律所适用的事实视
角，应当根据事实针对社会问题作出决定。霍姆斯对法官的克制主义持怀疑态度，
认为绝对主义是理性的敌人，法院应当维持那些与变化中的、关于政治管制观点保
持一致的法律。参见伯纳德·施瓦茨：《美国最高法院史》，毕宏海、柯翀、石明磊
等译，中国政法大学出版社 2005 年版。

重要的贡献是,为维护1930年大萧条时代的立法措施,解决第十修正案、第五修正案与新政法案的冲突;解决第十四修正案对州的约束力。

如在Fox案件中,卡多佐已经意识到税收不再仅仅是一项财政事务,而且是一种调节国家机器的重要手段,因此他关注连锁店的税收方式产生的社会背景和经济效果,使相关判决稳步地扩展了政府的课税范围。在价格立法方面,卡多佐认为,调节价格就是调节商业活动本身,一个健康的社会需要明智的价格政策。在牛奶限价法等案件中,先例规则最终受制于政府的权力。关于联邦和州的权力关系,一百年来,美国的政治家和学者一直争论不休,卡多佐从社会现实出发,提出了他的看法,他认为,从1929年开始的经济萧条,要求法律有关社会福利的概念是联邦政府的利益而不是各州的利益。因为这场"不幸"不是势单力薄的各州的法律能够有效解决的,而是依赖于联邦政府的宏观调控力量,各州的财税和其他政策不能成为州际商业活动的障碍,而应当顺应这一势不可挡的社会需要;失业问题不能限制在一州的范围之内,经济问题要求国家的行动。无疑,卡多佐对政府面临的艰难时刻抱有深深的同情。[①]然而,在特定历史时期,经济自由向社会利益妥协的观点并不表明卡多佐是一个"社会主义者"、"国家主义者",他坚决反对政府宣传的"真理"对言论自由和思想自由的干涉和强制,维护宪法对于公民自由、精神自由的保障。历史告诉卡多佐,社会

---

① Felix Frankfurter , *Mr. Justice Cardozo and Public Law* The Yale Law Journal, Vol. 48, No. 3 (Jan. , 1939), pp. 458 – 488.

发展是一个尝试和充满失败的过程，思想的自由表达对于社会进步是一个必要的条件。卡多佐认为，公民权利并不是一个标签而是应当珍视和保护的人类精神，他们来源于历史，并在当代社会被赋予新的意义。

第二节　美国学者眼中的卡多佐

一、典雅

卡多佐的典雅既体现在他"祭司般"的气质中，也体现在他的文字中。

卡多佐在古典文学领域打下的良好基础归功于他少年时代的启蒙老师，帮助他准备哥大入学考试的阿尔杰。在备考期间，卡多佐阅读了尤利乌斯、维吉尔、西塞罗、荷马、色诺芬的作品。[1] 他会把印象深刻的句子摘录下来，尤其偏爱格言式的表达。在其著述和判决

卡多佐肖像

书中，我们可以感受到卡多佐拥有良好的文学品位和古雅的表述习惯（当然典雅的表达也成为我们在阅读过程中的智力挑战）。他的哲学和文学修养为他赢得了持久的名声。卡多佐在工作时期一直热爱文学、历史和哲学的书籍。在他的书单中有

---

① A. L. 考夫曼：《卡多佐》，张守东译，法律出版社 2001 年版，第 27 页。

荷马、乔叟、但丁、莎士比亚、雨果、济慈、海亚姆等名家的文学
作品,有亨利七世、亨利八世、林肯、罗斯福、弗兰克林、艾略特、
托马斯阿奎那、海涅等历史人物的传记。①

卡多佐重视司法意见书的文学修辞。他认为,司法文书是
一种技术也是一种艺术。他饶有兴趣地区分了六种判决文书
的风格:权威命令型,简明扼要型;家常健谈型,优雅矫饰型;劝
服说明型和剪刀糨糊型。② 卡多佐赞同简明和交谈式的文书风
格——判决书的思维过程和判决结果以一种引导阅读者共同参
与的方式展现出来,在阅读卡多佐的判决书中,我们也会得到
这样的感受,他不是一个"强势"的法官,他的判决没有散发着
庄严肃穆的气氛,相反,我们会得到一种与法官共同思考的乐
趣。法官的判决"是在解释一门科学,或者解释他试图吸收进
入科学去的一组真理,而这种解释的过程是一门艺术……通过
艺术的杠杆,即使是最卑微的主题也会得到升华"。③ 后人对卡
多佐"艺术化"的文书风格评判毁誉参半。有人认为"卡多佐广
泛的引述经典和现代有影响力的法律和哲学方面的著述,从柏
拉图、亚里士多德到庞德、杜威。他的表达方式同他的思想方
式是文雅的,而不是数理性的。他的典雅的风格是由于相信司

---

① A. L. 考夫曼:《卡多佐》,张守东译,法律出版社 2001 年版,第 164 页。
② 卡多佐认为马歇尔法官、曼斯菲尔德法官的判决书就属于第一种类型,权
威命令型。"它最具尊严和权力……居高临下,急冲而至,使用三段论得出无可辩
驳的论断……带着一种源于大权在握的平静和确信。"然而,卡多佐认为,法律是一
个调试的过程,法哲学的发展倾向于采用一种温和、谦让的表达方式。法官在判决
中宣布的"是一个假定,而不使命令"。卡多佐:《演讲录 法律与文学》,董炯、彭斌
译,中国法制出版社 2005 年版,第 118 页。
③ 卡多佐:《演讲录 法律与文学》,董炯、彭斌译,中国法制出版社 2005 年
版,第 130 页。

法意见不必是干巴巴的,他希望以美感影响他人"①。

甚至,波斯纳认为,卡多佐在司法判决书中的表述方式和修辞是其获得伟大名声的、最重要的两个原因之一。卡多佐的成就是因为"他是一个伟大的会讲故事的人"。波斯纳认为名望是可以用数据,如引用率来评估。他查找几位法官和学者在Lexis 数据库名字出现的数量,卡多佐被认为具有稳固的学术声望。② 波斯纳分析说,卡多佐实用主义的法学理论和他的修辞技巧使他拥有崇高的法学地位。他的实用主义延续了霍姆斯,尤其是杜威的实用主义传统;判决书的知名度很大程度上来自风格和行文结构,而不是法律分析。波斯纳认为,卡多佐在语言方面下的工夫主要体现在他叙述案件事实的角度上,卡多佐对于事实问题的巧妙叙述角度使他自然地得出想要适用的法律规则。波斯纳认为,法官司法活动的声望还同时来自于社会和法学院。一个将法律和公共见识达成和谐的法官更容易被引证,相反深奥的钻研法律技术的法官可能失去大部分普通的听众。③

---

① Edwin W. Patterson *Cardozo's Philosophy of Law Part* 1 Source: University of Pennsylvania Law Review and American Law Register, Vol. 88, No. 1 (Nov., 1939), pp. 71 –91.

② Review: The Judge's Path to Greatness Reviewed work(s): Cardozo: A Study in Reputation by Richard A. Posner Source: Harvard Law Review, Vol. 104, No. 3 (Jan., 1991), pp. 788 –793. 作者实际在文章中批判了波斯纳通过引用率判断名声的分析方法。

③ Richard A. Posner *Cardozo: A Study in Reputatio* the university of Chicago Press Introduction.

二、超然

卡多佐的超然来自于他的平衡感。首先,他能够在观察和内省的基础上,融汇许多伟大人物的思想。他自由地采集前辈与同时代人的观点,勤奋研读前人思想,研究先例背后的规则和原则的价值。他的理论并非一个完整的体系。"有时,他强调行为的动机,强调正直的品格,显现康德、施坦姆勒的影子;有时,他推崇法律的社会效果,强调对立法机关的尊重,又使我们自然联系到边沁的理论主张;关于道德和传统的理解,他深受霍姆斯的影响;对于普遍的、抽象的学说的不信任,认为规则需要适合于具体的现实的案件,这种解决具体问题的思路又为约翰杜威所赞同。"①他融汇了美国法律思想的传统,他是一个合集。同时,在卡多佐的引述中,他能够统合所有这些人物的观点,很少从这些人物的观点中摘出一些内容,表示反对。他热爱和平、和谐,胜过争议。

他也善于使法官之间的分歧意见达成和解。在他担任上诉院主审法官期间,相比其他时期,各位法官很少出现较大的分歧意见。② 西伯里法官曾经对卡多佐在上诉法院讨论期间的风采这样赞美:"他学问渊博,品行谦和,迷人的文风,是他大名鼎

---

① Edwin W. Patterson *Cardozo's Philosophy of Law Part* 1 Source: University of Pennsylvania Law Review and American Law Register, Vol. 88, No. 1 (Nov., 1939), pp. 71 - 91.

② John van Voorhis *Cardozo and the Judicial Process Today* Source: The Yale Law Journal, Vol. 71, No. 2 (Dec., 1961), pp. 202 - 217. 作者高度评价卡多佐在司法过程的性质中表达的见地,超然的境界和平衡感,认为这是卡多佐最伟大的品质。

鼎的重要原因。我认为他并不固执己见,他发表见解时小心翼翼,出言谨慎,对于任何问题很少有说一不二的时候。卡多佐的影响力来自博学、勤奋、文采,审判中通融、合作的态度。"①"他能够权衡相互冲突的问题而不使自己陷入其中一个极端。他的智慧是因为他的精神品格从未受到愤怒、仇恨、嫉妒和恶意的污染。他的纯洁的美德使他成为一个令人敬畏的法官。这一点超越了他的学识、他的洞察力和令人惊叹的勤勉。"②

第二,卡多佐的超然还体现判决书中自然情感和法律理性之间的平衡感,法律形式与案件事实之间的平衡感。他没有从内部的、不可言说的司法感觉判断一方有权赢得诉讼,然后发现一个规则适用到案件事实。相反,他使用从案件中抽出的原则,权衡相竞争的利益。他的尺度是法律的判断而不是情感的判断。对于新现实主义关于法官个性决定判决结果的观点,他明确表示不能赞同。他也从未把自己私人的政治倾向和审判搅在一起。考夫曼谈到这点时说,如果某一判决涉及重大的政治、经济和社会问题,个案正义和整体正义出现冲突,"作为一个常人,他也许会同情受损害的工人的处境,或者,他可能投票反对给予退伍军人的补助金,但是作为法官,他必须运用另一套规范,即法律原则,从专业角度分析案件事实和政府部门的

---

① A. L. 考夫曼:《卡多佐》,张守东译,法律出版社 2001 年版,第 171 页。
② Harlan F. Stone, Maugham, H. V. Evatt, Learned Hand Mr. Justice Cardozo Source: The Yale Law Journal, Vol. 48, No. 3 (Jan. , 1939), pp. 371 –381.

指示"。① 卡多佐不相信通过假设的前提运用逻辑推理可以解决所有的问题。卡多佐告诉我们逻辑和分析是解决手段和工具而不是答案,避免教条主义和形式主义。他认为,谨慎的行为标准来自生活事实;合同条款的解释不应当拘泥于合同文本和形式;判决结果与社会效果之间存在密切的关联。法官应当理解生活本身。法律理论应当服务于它的时代。② 他相信霍姆斯所说,一个法官必须是一个历史学家也同时是一个预言家。法官应当塑造法律以适应变化的社会。

更重要的是,卡多佐拥有保持传统的能力以及应对变化的能力,他是一个进步主义的法官,但是对法官造法却保持一个冷静的态度。他把握了法律的稳定,法律传统与为适应社会进步进行的法律变革,法律生长之间的平衡感。他热爱普通法,尽管他批评普通法并非完

担任大法官的卡多佐

---

① 考夫曼总结卡多佐被看重的原因:1 他反思并向法律界和公众明确揭示了司法审判的要素:根据先例进行逻辑推理,历史,习俗,政策。然而在司法判决中,大多数情况下,他进行推理的基础是先例中确立的原则和规则。他的工作是发现这些规则发展的趋向。2 他对案件事实的全面细致的把握。从初审法官的判决理由,陪审团的裁决,法律规则的运用取决于对于先例和具体案情的严谨的甄别比较,通过融合法律争点和事实背景作出结论。3 卡多佐对立法机关的尊重。"他尊崇民选议会,将其视为社会价值的主要来源"。他赞同通过政府权力调控自由经济。4 卡多佐的超然意识和中庸之道。A. L. 考夫曼:《卡多佐》,张守东译,法律出版社 2001 年版,第 576 页。

② G. Acheson *Mr. Justice Cardozo and Problems of Government* Source: Michigan Law Review, Vol. 37, No. 4 (Feb., 1939), pp. 513 – 539.

美之物。他认为旧的法律规则是发展法律的首要资源,法官的工作是澄清原则而不是创造新的利益,选择更适合于现实案情的法律规则,回应法律所服务的社会需要。他坚持改变,但改变必须是渐进的。他没有遵循旧的,也没有创造新的,只是温和地改革和发展了普通法。① 在西维教授看来,卡多佐最大的贡献在于意识到根植于普通法的精神比法律本身更伟大。他是进步的法官而不是改革的法官。他没有创造新的法律,他的力量在于他能够看见法律之下隐藏着的一种趋势。② 卡多佐认为,法官要像立法者那样思考,但法官始终不是立法者。他知道那个界限。如他所说,"疾风暴雨不能打动正义女神,循序渐进才能打动她的芳心"。③

卡多佐说,只要是现实问题,它们涉及的情况几乎总是非常独特的,没有什么可以将我们从每一步的抉择痛苦中拯救出来。④ 作为一个法官,如同心理医生,他们面对的总是那些遭遇困难和麻烦的人。然而,卡多佐认为,法律的最终分析是为了社会文明。他心中存有一个确信,他相信人类社会的发展朝向光明和进步。"你必须在人群中生活,却要超然其上,轮流出入于尘世与哲学家的世界;你应当研究历史的智慧,在争论纷纷的荒野上,它开拓出前进的道路;你应当研究人类的生活,这是

---

① G. Acheson *Mr. Justice Cardozo and Problems of Government* Source. Michigan Law Review, Vol. 37, No. 4 (Feb. , 1939), pp. 513 - 539.

② Warren A. Seavey *Mr. Justice Cardozo and the Law of Torts* The Yale Law Journal, Vol. 48, No. 3 (Jan. , 1939), pp. 390 ~ 425.

③ 本杰明·内森·卡多佐:《法律的成长 法律科学的悖论》董炯、彭斌译,中国法制出版社 2002 年版,第 39 页。

④ 本杰明·内森·卡多佐:《演讲录 法律与文学》,董炯、彭斌译,中国法制出版社 2005 年版,第 205 页。

你必须安排的生活；你应当研究正义的规则，他们应当通过你的努力成为获胜的真理……"从这个意义上，卡多佐既是美国现实主义的典型，也是一个理想主义者。

附录　西方学者有关卡多佐的研究

一、关于卡多佐著述的重要书评

《司法过程性质》书评

Learned Hand Reviewed work(s)：*The Nature of the Judicial Process by Benjamin N. Cardozo* Source：Harvard Law Review, Vol. 35, No. 4 (Feb., 1922), pp. 479 – 481

Max Radin Reviewed work(s)：*The Nature of the Judicial Process by Benjamin N. Cardozo* Source：California Law Review, Vol. 10, No. 4 (May, 1922), pp. 367 – 369

Nathan Isaacs Reviewed work(s)：*The Nature of the Judicial Process by Benjamin N. Cardozo* Source：Michigan Law Review, Vol. 20, No. 6 (Apr., 1922), pp. 688 – 690

Harlan F. Stone Reviewed work(s)：*The Nature of the Judicial Process by Benjamin N. Cardozo* Source：Columbia Law Review, Vol. 22, No. 4 (Apr., 1922), pp. 382 – 385

《法律的生长》书评

Isaac Husik Reviewed work(s)：*The Growth of the Law by Benjamin N. Cardozo* Source：University of Pennsylvania Law Review and American Law Register, Vol. 73, No. 3 (Mar., 1925), pp. 327 - 328

John B. Waite Reviewed work(s): *The Growth of the Law by Benjamin N. Cardozo* Source: Michigan Law Review, Vol. 23, No. 6 (Apr., 1925), pp. 682 - 685 Published by: The Michigan Law Review Association.

A. M. Kidd Reviewed work(s): *The Growth of the Law by Benjamin N. Cardozo* Source: California Law Review, Vol. 13, No. 2 (Jan., 1925), pp. 188 - 191 Published by: California Law Review, Inc.

Avrom M. Jacobs Reviewed work(s): *The Growth of the Law by Benjamin N. Cardozo* Source: Columbia Law Review, Vol. 25, No. 1 (Jan., 1925), pp. 121 - 123

《法律科学的悖论》书评

Rousseau A. Burch *Reviewed work(s): Paradoxes of Legal Science by Benjamin N. Cardozo* Source: Michigan Law Review, Vol. 27, No. 6 (Apr., 1929), pp. 637 - 649

Walter Wheeler Cook *Reviewed work(s): The Paradoxes of Legal Science by Benjamin N. Cardozo* Source: The Yale Law Journal, Vol. 38, No. 3 (Jan., 1929), pp. 405 - 407

《法律与文学》书评

Samuel Klaus *Reviewed work(s): Law and Literature by Benjamin N. Cardozo* Source: Columbia Law Review, Vol. 31, No. 5 (May, 1931), pp. 906 - 908

E. H. Woodruff *Reviewed work(s): Law and Literature, and Other Essays and Addresses by Benjamin N. Cardozo* Source: Har-

vard Law Review, Vol. 44, No. 7 (May, 1931), pp. 1154 –
1156

Charles E. Clark *Reviewed work（s）：Law and Literature and
Other Essays and Addresses by Benjamin N. Cardozo* Source：The
Yale Law Journal, Vol. 40, No. 6 (Apr., 1931), pp. 1011 –
1012

John A. Gorfinkel *Reviewed work（s）：Law and Literature and
Other Essays and Addresses by Benjamin N. Cardozo* Source：Cali-
fornia Law Review, Vol. 19, No. 6 (Sep., 1931), pp. 653 –
654

二、1939 年卡多佐逝世一周年哈佛、耶鲁和哥大法学评论
的纪念合集

Harlan F. Stone, Maugham, H. V. Evatt, Learned Hand
Mr. Justice Cardozo Source：The Yale Law Journal, Vol. 48, No.
3 (Jan., 1939), pp. 371 –381

Felix Frankfurter *Mr. Justice Cardozo and Public Law* Source：
The Yale Law Journal, Vol. 48, No. 3 (Jan., 1939), pp.
458 –488

J. M. Landis *Law and Literature* Source：Harvard Law Re-
view, Vol. 52, No. 3 (Jan., 1939), pp. 471 –489

Irving Lehman *Judge Cardozo in the Court of Appeals* Source：
The Yale Law Journal, Vol. 48, No. 3 (Jan., 1939), pp.
382 –389

G. Acheson *Mr. Justice Cardozo and Problems of Government*
Source：Michigan Law Review, Vol. 37, No. 4 (Feb., 1939),

pp. 513 – 539

Arthur L. Corbin *Mr. Justice Cardozo and the Law of Contracts*
Source: The Yale Law Journal, Vol. 48, No. 3 (Jan., 1939),
pp. 426 – 457

Warren A. Seavey *Mr. Justice Cardozo and the Law of Torts*
Source: The Yale Law Journal, Vol. 48, No. 3 (Jan., 1939),
pp. 390 – 425

Edwin W. Patterson *Cardozo's Philosophy of Law Part 1*
Source: University of Pennsylvania Law Review and American Law
Register, Vol. 88, No. 1 (Nov., 1939), pp. 71 – 91

Edwin W. Patterson *Cardozo's Philosophy of Law*: Part II
Source: University of Pennsylvania Law Review and American Law
Register, Vol. 88, No. 2 (Dec., 1939), pp. 156 – 176

George A. Warp *Reviewed work(s)*: *Cardozo and Frontiers of
Legal Thinking by Beryl Harold Levy* Source: California Law Re-
view, Vol. 27, No. 2 (Jan., 1939), pp. 237 – 238

三、1961 年耶鲁大学纪念卡多佐《司法过程的性质》40 周年纪念号

John van Voorhis *Cardozo and the Judicial Process Today*
Source: The Yale Law Journal, Vol. 71, No. 2 (Dec., 1961),
pp. 202 – 217

四、波斯纳:《卡多佐—名望的研究》及书评

Lawrence Fleischer *Reviewed work(s)*: *Cardozo: A Study in
Reputation by Richard A. Posner* Source: Journal of Interdisciplinary
History, Vol. 22, No. 3 (Winter, 1992), pp. 547 – 550

The Judge's Path to Greatness Reviewed work(s): *Cardozo*: *A Study in Reputation by Richard A. Posner* Source: Harvard Law Review, Vol. 104, No. 3 (Jan. , 1991), pp. 788 - 793

James D. Gordon *Cardozo's Baseball Card Reviewed work(s)*: *Cardozo*: *A Study in Reputation by Richard A. Posner* Source: Stanford Law Review, Vol. 44, No. 4 (Apr. , 1992), pp. 899 - 908

David A. Logan *The Man in the Mirror Reviewed work(s)*: *Cardozo*: *A Study in Reputation by Richard A. Posner* Source: Michigan Law Review, Vol. 90, No. 6, (1992), pp. 1739 - 1770

五、考夫曼:《卡多佐》考夫曼根据大量手稿、采访、著述、司法意见书历时 15 年完成,20 世纪 90 年代出版,重新引发了法律界对卡多佐的热情。这是一本研究卡多佐的重要文献。中译本由中国政法大学的张守东老师翻译,感谢他翻译了这本书。参考书评:

Judith S. Kaye *Cardozo*: *A Law Classic Reviewed work(s)*: *Cardozo by Andrew L. Kaufman* Source: Harvard Law Review, Vol. 112, No. 5 (Mar. , 1999), pp. 1026 - 1045

John C. P. Goldberg *The Life of the Law Reviewed work(s)*: *Cardozo by Andrew L. Kaufman* Source: Stanford Law Review, Vol. 51, No. 5 (May, 1999), pp. 1419 - 1475

Linda Przybyszewski *Reviewed work(s)*: *Cardozo by Andrew L. Kaufman* Source: Law and History Review, Vol. 19, No. 1 (Spring, 2001), pp. 212 - 213

Robert H. Birkby *A Triumph of Quality* Reviewed work(s): Cardozo by Andrew L. Kaufman Source: The Review of Politics,

Vol. 62, No. 2 (Spring, 2000), pp. 388 – 390

Richard D. Friedman *Reviewed work(s)*: *Cardozo by Andrew L. Kaufman* Source: Michigan Law Review, Vol. 98, No. 6, 2000 Survey of Books Related to the Law (May, 2000), pp. 1738 – 1765

Richard Polenberg *the world of Benjamin Cardozo*: *personal values and the judicial process* Harvard University Press, 1997

六、其他论文和书评

Bernard L. Shientag *The Opinions and Writings of Judge Benjamin N. Cardozo Source*: Columbia Law Review, Vol. 30, No. 5 (May, 1930), pp. 597 – 650

Samuel Klaus *Reviewed work(s)*: *Mr. Justice Cardozo. A Liberal Mind in Action by Joseph P. Pollard* Source: Columbia Law Review, Vol. 35, No. 6 (Jun. , 1935), pp. 957 – 958

William Seagle *Reviewed work(s)*: *Cardozo and Frontiers of Legal Thinking by Beryl Harold Levy Law Is Justice by A. L. Sainer* Source: Annals of the American Academy of Political and Social Science, Vol. 203, Refugees (May, 1939), pp. 229 – 230

Joseph Rauh, Jr. *Reviewed work(s)*: *Benjamin N. Cardozo*: *American Judge by George S. Hellman* Source: Harvard Law Review, Vol. 53, No. 8 (Jun. , 1940), pp. 1404 – 1406

Walter P. Armstrong *Reviewed work(s)*: *Benjamin N. Cardozo, American Judge by George S. Hellman* Source: Virginia Law Review, Vol. 27, No. 2 (Dec. , 1940), pp. 248 – 250 Published

Augustus N. Hand *Reviewed work (s)*: *Selected Writings of Benjamin Nathan Cardozo by* Margaret E. Hall *Benjamin Nathan Cardozo* Source: California Law Review, Vol. 36, No. 2 (Jun. , 1948), pp. 342 – 343

Jerome Frank Cardozo and the Upper – Court Myth Author(s): Law and Contemporary Problems, Vol. 13, No. 2, The Patent System (Spring, 1948), pp. 369 – 390

William O. Douglas *Mr. Justice Cardozo* Source: Michigan Law Review, Vol. 58, No. 4 (Feb. , 1960), pp. 549 – 556

Jerold S. Auerbach *Reviewed work(s)*: *The World of Benjamin Cardozo*: *Personal Values and the Judicial Process by* Richard Polenberg Source: The American Historical Review, Vol. 105, No. 3 (Jun. , 2000), pp. 950 – 951

参考文献

著述

1. A. L. 考夫曼著，张守东译：《卡多佐》，法律出版社 2001 年版。

2. 卡多佐著，苏力译：《司法过程的性质》，商务印书馆 1998 年版。

3. 卡多佐著，董炯、彭斌译：《法律的成长 法律科学的悖论》，中国法制出版社 2002 年版。

4. 卡多佐著，董炯、彭斌译：《演讲录 法律与文学》，中国法制出版社 2005 年版。

5. 徐爱国著：《破解法学之谜》，学苑出版社 2001 年版。

6. 霍姆斯著，明辉译：《法律的生命在于经验——霍姆斯法学文集》，清华大学出版社 2007 年版。

7. S. E. 斯通普夫·J. 菲泽著，匡宏、邓晓芒等译：《西方哲学史——从苏格拉底到萨特及其后》，世界图书出版公司 2009 年版。

8. 曼弗雷德·库恩著，黄添盛译：《康德传》，世纪出版集团、上海人民出版社 2008 年版。

9. 涂纪亮:《杜威文选》,社会科学文献出版社 2006 年版。

10. 涂纪亮:《皮尔斯文选》,社会科学文献出版社 2006 年版。

11. 涂纪亮:《詹姆斯文选》,社会科学文献出版社 2007 年版。

12. 庞德著,沈宗灵、董世忠译:《通过法律的社会控制》,商务印书馆 1984 年版。

13. 庞德著,邓正来译:《法律史解释》,中国法制出版社 2002 年版。

14. 庞德著,邓正来译:《法理学》(第一卷),中国政法大学出版社 2004 年版。

15. 斯蒂芬·M. 菲尔德曼著,李国庆译:《从前现代主义到后现代主义的美国法律思想 一次航行》,中国政法大学出版社 2005 年版。

16. 莫顿·J. 霍维茨著,谢鸿飞译:《普通法的变迁》,中国政法大学出版社 2004 年版。

17. 卡尔·N. 卢埃林著,陈旭刚等译:《普通法的传统》,中国政法大学出版社 2002 年版。

18. 杰罗姆·弗兰克著,赵承寿译:《初审法院——美国司法中的神话与现实》,中国政法大学出版社 2007 年版。

19. 伯纳德·施瓦茨著,毕宏海、柯钟、石明磊等译:《美国最高法院史》,中国政法大学出版社 2005 年版。

20. Richard A. Posner Cardozo:A Study in Reputation the university of Chicago Press.

21. 徐爱国:《英美侵权法》,北京大学出版社 2004 年版。

22. 李响:《美国合同法要义》,中国政法大学出版社 2008 年版。

23. 李响:《美国侵权法原理及案例研究》,中国政法大学出版社

2004 年版。

论文

1. Harlan F. Stone, Maugham, H. V. Evatt, Learned Hand *Mr. Justice Cardozo* Source: The Yale Law Journal, Vol. 48, No. 3 (Jan., 1939), pp. 371 – 381

2. Felix Frankfurter *Mr. Justice Cardozo and Public Law* Source: The Yale Law Journal, Vol. 48, No. 3 (Jan., 1939), pp. 458 – 488

3. Irving Lehman *Judge Cardozo in the Court of Appeals* Source: The Yale Law Journal, Vol. 48, No. 3 (Jan., 1939), pp. 382 – 389

4. G. Acheson *Mr. Justice Cardozo and Problems of Government* Source: Michigan Law Review, Vol. 37, No. 4 (Feb., 1939), pp. 513 – 539

5. Arthur L. Corbin *Mr. Justice Cardozo and the Law of Contracts* Source: The Yale Law Journal, Vol. 48, No. 3 (Jan., 1939), pp. 426 – 457

6. Warren A. Seavey *Mr. Justice Cardozo and the Law of Torts* Source: The Yale Law Journal, Vol. 48, No. 3 (Jan., 1939), pp. 390 – 425

7. Edwin W. Patterson *Cardozo's Philosophy of Law Part* 1 Source: University of Pennsylvania Law Review and American Law Register, Vol. 88, No. 1 (Nov., 1939), pp. 71 – 91

   Edwin W. Patterson *Cardozo's Philosophy of Law: Part II*

Source：University of Pennsylvania Law Review and American Law Register, Vol. 88, No. 2（Dec. , 1939）, pp. 156 – 176

8. John van Voorhis *Cardozo and the Judicial Process Today* Source：The Yale Law Journal, Vol. 71, No. 2（Dec. , 1961）, pp. 202 – 217

9. Lawrence Fleischer *Reviewed work(s)：Cardozo：A Study in Reputation by Richard A. Posner* Source：Journal of Interdisciplinary History, Vol. 22, No. 3（Winter, 1992）, pp. 547 – 550

10. John C. P. Goldberg *The Life of the Law Reviewed work(s)：Cardozo by Andrew L. Kaufman* Source：Stanford Law Review, Vol. 51, No. 5（May, 1999）, pp. 1419 – 1475

网站：

1. www. google. com
2. www. lexis. com 法律数据库

工具书：

《元照英美法词典》法律出版社 2003 年版

后 记

　　我小的时候梦想过成为一名作家,十几岁的时候写了很多诗歌。大部分是现代诗,也有几首旧体诗和词。曾经喜欢过很多诗人,比如陶渊明、李商隐、新月派的那些人物,还有余光中。我热爱专注的创作的感觉,离开现世和躯壳,非常美妙。后来我学了法律。再后来遇到我现在的导师,他告诉我,要学会用左脑写作。于是我进入了一个与诗歌的意境完全不同的世界。不过在这两个世界之间,有一座桥梁帮助我从这一边到那一边。这座桥梁就是人物研究。从攻读研究生以来,我从事过的专门的研究,都是人物的研究,包括罗斯科·庞德,乔治·弗莱彻,和现在的本杰明·卡多佐。虽然至今,我还没有看清这个世界的全貌,但是通过研读他们的思想,我已经体会到了这个世界的趣味,理性的趣味。

　　单就本书来说,除了趣味,还有一些收获。和大家分享一下吧。我把卡多佐的法律世界分成两部分。第一部分是他的司法哲学,我试图将他的法律观和正义观放置到西方整个思想史的视野中去理解,他承继的东西,时代的影响,以及他自己的贡献。第二部分是他撰写的司法判决书。这部分数量非常庞大,而且基本上都是外文文献。对于卡多佐进一步的研究空间,我认为,应当从判决意见书中去探索。坦率地说,我做的工作是很不够的。这个困难在于,不仅需要理解卡多佐的司法理论,理解判决书的分析思路,而且需要看到,这个判决在整个普通法制度中的位置。只有首先阅读丰富的判决材料,了解普通法制度,才能更深刻地理解卡多佐的分析和他的司法哲学。受到我导师的影响,我希望卡多佐能够成为一个很好的思考起点,思考西方法律理论和法律实践的融合,法律思想和法律制度的融合。

从去年九月下旬到今年立春完成卡多佐初稿之后,我陷入了一场苦恼。我所苦恼的问题是研究卡多佐等西方人物的意义,学习西方法律的意义。最近我读了一本书,《写给大家的中国美术史》,作家蒋勋在其中叙述了徐悲鸿的美术生涯。我了解到,传统中国绘画一直保有其独特的传统,一直到西潮进入中国人的思维和生活。徐悲鸿是最早到欧洲学习西方绘画的中国画家之一,徐悲鸿到了法国之后,努力学习欧洲绘画,接受了系统的写生,石膏素描,透视法等训练。他曾经画过大幅的油画,并把西方绘画的观念,技法和工具介绍到中国。然而,徐悲鸿后来又重新拿起了毛笔,他用西方的绘画技巧创造了新的中国画。当然,以中国画的命运比喻中国法律和法学,不够准确,但有相似和启发。我的导师告诉我,看西方人的书,是考察和解构西方人的思想,是思想的实证。做好思想的实证研究是形成自己看法的前提。所以我现在的工作就是认真学习"写生,石膏素描,透视法和西方绘画观念"。这本书正是这个工作的一部分。

说到学习法律思想的直接原因,我想大概是神力行为使我走进了西方法律思想史的殿堂。就卡多佐而言，他的典雅和超然，深厚的知识和高尚的美德，给我留下了深刻的印象。我也试图尝试思考中的举重若轻：趣味中有深刻，深刻中又有趣味。

陈皓
2009 年 5 月 16 日于畅春新园